农业农村部农村经济研究中心当代农史研究室纪念改革开放系列丛书

鱼价闯关

——广州率先放开水产市场纪实

农业农村部农村经济研究中心当代农史研究室◎编

姚国成　张静宜　关　歆◎著

中国农业出版社

北　京

图书在版编目（CIP）数据

鱼价闯关：广州率先放开水产市场纪实 / 姚国成，张静宜，关歆著；农业农村部农村经济研究中心当代农史研究室编．—北京：中国农业出版社，2018.12
ISBN 978-7-109-24547-1

Ⅰ.①鱼…　Ⅱ.①姚…　②张…　③关…　④农…　Ⅲ.①渔业经济—经济体制改革—研究—中国　Ⅳ.①F326.42

中国版本图书馆 CIP 数据核字（2018）第 201852 号

中国农业出版社出版
（北京市朝阳区麦子店街 18 号楼）
（邮政编码 100125）
责任编辑　孙鸣凤

中国农业出版社印刷厂印刷　　新华书店北京发行所发行
2018 年 12 月第 1 版　　2018 年 12 月北京第 1 次印刷

开本：700mm×1000mm　1/16　　印张：12.25
字数：210 千字
定价：58.00 元

Contents 目录

引子：一张鱼票起风波 …… 1

第一章　传统："食在广东"鱼为先 …… 6

一、水边居民嗜海鲜 …… 7
二、"鱼米之乡"美名扬 …… 8
三、广州"无鱼不成宴" …… 13
四、形成水产市场 …… 16

第二章　怪事："鱼米之乡"没鱼吃 …… 20

一、统购统销政策 …… 21
二、凭票买鱼重起 …… 23
三、五花八门的鱼票 …… 24
四、有票买不到鱼 …… 26

第三章　调整：试图解决"吃鱼难" …… 29

一、恢复水产机构 …… 30
二、建设渔业公司 …… 32
三、发展城郊养鱼 …… 34
四、提高收购价格 …… 40
五、调整购销政策 …… 41

第四章　搞活：放开水产品市场 …… 43

一、发展商品经济前哨战 …… 43

二、人民日报社论：解决吃鱼问题 …… 45
三、广州酝酿放活鱼市场 …… 48
四、拿河鲜杂鱼试水 …… 50
五、恢复水产货栈 …… 51
六、发展集市贸易 …… 54
七、开设雅马哈鱼档 …… 55
八、牌价议价并存 …… 56
九、搞活水产经营 …… 58

第五章　支持：省委、中央齐撑腰 …… 62

一、习仲勋：一定要解放思想 …… 62
二、任仲夷：保障群众食有鱼 …… 66
三、叶选平：力撑市场开放 …… 68
四、胡耀邦：送鱼进城 …… 70
五、国家部委支持开放 …… 73
六、全国推广广州经验 …… 76
七、中央决定放宽政策 …… 80

第六章　促进：渔业生产掀热潮 …… 84

一、塘鱼基地生产热情高涨 …… 84
二、广州郊区大力发展养鱼 …… 87
三、珠江三角洲建设新基地 …… 90
四、推动山区建设养鱼基地 …… 92
五、促进水产业全面发展 …… 97

第七章　推动：水产市场更兴旺 …… 100

一、稳定水产品价格 …… 100
二、促进水产品流通 …… 102
三、发展“南鱼北运” …… 103
四、增加水产品出口 …… 104

五、改善水产品市场 …… 106
六、渔业饮食文化焕发新活力 …… 108

第八章　引领：从鱼到粮全放开 …… 112

一、从水产品到蔬菜放开 …… 113
二、从鱼菜到其他副食品 …… 121
三、从副食品到粮食价格 …… 123
四、实施“菜篮子”工程 …… 128

第九章　回顾：决策者记忆犹新 …… 131

一、刘田夫：水产改革开放走在前 …… 131
二、梁灵光：鱼价闯关杀出一条血路 …… 133
三、叶选平：闻涨莫惊，闻降莫喜 …… 136
四、朱森林：放开菜价震动中南海 …… 137
五、杨资元：广州物价改革三件事 …… 140
六、尹春晏：广州改革从放开水产市场起步 …… 142

第十章　肯定：专家们高度评价 …… 147

一、吴象：广东敢于放开价格 …… 147
二、高尚全：鱼价放开，搞商品经济没错！ …… 149
三、詹武：一年三度南下广东调查鱼价 …… 151
四、孟宪德：广州搞活水产品市场 …… 153
五、曾牧野：价格改革从广州起航 …… 154
六、马恩成：物价改革广东农产品先行 …… 156
七、王利文：必须实行“价格闯关” …… 157

第十一章　回响：改革开放大事件 …… 159

一、一号行动 …… 160
二、改革闯关 …… 164
三、先行一步 …… 166

四、价格改革广东先行先试 …… 170
五、价格改革塘鱼率先撬动“钢板” …… 171

附录　水产市场放开大事记 …… 175

后记 …… 184

引子：一张鱼票起风波

20世纪70年代末，中国在计划经济统购派购制度的管理下，全国处于物资缺乏状态，农产品供应不足，广州也是如此。粮食、日用品等几乎所有涉及民生的物资都要按计划供应，凭票购买。由于计划供应的定量较低，很多物品即使有钱也不一定买得到。而有些物品，如广州人喜爱的鱼，甚至有票证也难以保证供应。

在计划经济体制下价格控制得过死，价格背离了价值。农村实行统购统销，搞产品供给、实物分配，这种制度在产品短缺时期，曾起过积极作用。但随着时间的推移，也产生了许多弊端。农民生产多少由国家收买多少，国家收到多少就分配多少，两方面都与市场消费需求脱节，一切取决于国家的经济行为如何。这种做法持续下去，会使经济运转日趋僵化①。统购统销制度是中国计划经济体制下最重要制度之一，造成了农民在分配中的不利地位，严重压抑了农民的生产积极性。② 当时蔬菜是统购统销，每亩种多少，上市多少，完不成任务受处罚。农民为了完成任务，拼命增产，讲数量不讲质量。在广州一根空心菜被人称为“无缝钢管”，只有1/3能吃，还有1/3喂牲口，1/3当垃圾。为此，“可食率”成为当时检查蔬菜质量的专有名词。例如，春节前夕，要求供应城市每户一只鸡过年，各级供销社负责把鸡收上来，上交到市里，然后供应市民。农户嫌收购价低，自然不愿卖，卖也是卖瘦鸡，经常是“供销社下乡——鸡飞狗走”。水产品供应由于内陆水域池塘荒芜，海水鱼获连年减少，城乡居民面临“吃鱼难”问题，物流运输效率极低，活鱼变死鱼，更是加大了供应缺口。

1978年，赴任不久的广东省委第一书记习仲勋，收到了一封市民来信，里面装着无法兑换的一张五角钱的鱼票，这枚小小的鱼票使他深受触动。于是，习仲勋也在早上5点多钟和群众一样去排队，体验群众的生活，感受吃鱼难。后来，他在省委会议上说：“广东四季常春，鱼米之乡没鱼吃。这样不行，一定要解放思想，搞社会主义不是贫穷，要尽快提高生活水平。”

---

① 杜润生．关于发展农村商品经济的几个社会目标［N］．人民日报，1985-04-17（02）．

② 陈锡文，赵阳，罗丹．中国农村改革30年回顾与展望［M］．北京：人民出版社，2008．

为了解决百姓“吃鱼难”问题，改变短缺的困境，广东开了改革的先河，进行了“先行一步”的探索。1978年底，广州市率先进行价格闯关。广州的芳村最先放开河鲜、蔬菜价格，开放部分水产品市场。广州经济体制改革即以此为突破口。1982年5月，广东省召开全省水产养殖工作会议，经过研讨，最后达成一致：对水产品统派购制度实行改革，利用价格杠杆调节农副产品价格，解决水产品供应不足的问题。在生产自主权方面让农民放开经营，提升种养积极性，主要是三放开：放开任务，放开价格，放开流通渠道。[①]

放开的过程不是一帆风顺。价格一放开，农民养鱼热情大涨，大量挖塘养鱼。没多久，大量活鱼上市，而且“开刀”零售，一条鱼想买哪个部位都行。但价格的确涨了许多，每斤[②]最高时达3元多（如鳙、鲩、鲤）[③]。价格放开产生的波动，与群众关系非常密切。由于物价上涨，部分市民难免会有反应，也引起了中央的关注。

到1984年11月，广州蔬菜价格全面放开，价格上浮，加上天气影响，菜价上涨较大，市民反映强烈。当时就有人说怪话：“形势大好，白菜三毛（原来5分钱一斤）。”有些人甚至写信告到中央，震动了中南海。关于当时广州鱼价放开及市民反应，曾在广东省委工作的秘书陈仲旋说：“价格放开前，广州居民每月只有二毛钱鱼票。我家五口人，每月只能买一块钱鱼。我家附近有个兼卖鱼的小杂货店，尽卖些小鱼、杂鱼，都是死的，仍然难买到。如果明早有鱼卖，今晚就已经有人用砖头、小凳或别的物件排上队了，天未亮已是大排‘人龙’。我们家大人上班，小孩上学，无人去排队，所以我们吃不上鱼。现在什么鲜鱼都有了，虽贵，但能吃到。我相信，以后鱼一多，定会降价。”价格放开三个月，鲜、活鱼价格降到一两元一斤，就稳定了下来[④]。

长痛不如短痛，广东和广州忍住“阵痛”，顶着来自各方面的压力，成功实现了价格“闯关”。经过一段时间放开价格之后，价值规律发挥了作用，调动了农民的生产积极性，农副产品普遍增多，价格逐步回落，并日趋稳

---

① 朱森林口述；陈俊凤，卢荻，陈宪宇整理．广州改革开放若干问题的回顾［M］//全国政协文史和学习委员会，等．十四个沿海城市开放纪实：广州卷．北京：中国文史出版社，2015.

② 斤为非法定计量单位，1斤=0.5千克。下同。——编者注

③④ 陈仲旋．我在广东省委当秘书［EB/OL］.（2013-04-19）［2018-08-01］. http://www.aisixiang.com/data/63155-3.html.

定。不仅农民增加收入，市民也得到实惠[①]。

广东由于鱼价放开，产量大增。1984 年全省水产品产量突破 100 万吨，只用了两年时间广东便从“吃鱼难”变为“南鱼北调”。搞活农产品流通，尽管几经风雨，出现过反复，最终还是不断突破。1983 年广东省再次把水果、家禽等 16 种农产品放开经营，结果又是一放就活，货畅其流[②]。

广东的鱼价放开有力地推动了全国水产品市场流通体制的改革进程。1984 年 1 月，国家农牧渔业部在广州召开全国城市水产品产销工作会议。全国各大中城市主管副市长和水产部门负责人 200 多人参加会议。会议围绕如何解决大、中城市“吃鱼难”的问题，着重介绍广州水产市场放开的经验，代表们参观了清平农贸市场、河鲜货栈和海珠鱼栏。

会议认为，要解决城市吃鱼难的问题，应当实行“一保二活三管”的原则，即保证现有平价鱼供应水平，放手开展议购议销，把市场搞活、管好。

会后，中共中央书记处责成农牧渔业部起草一个关于“放宽政策、加速发展水产业”的文件，农牧渔业部组成文件起草小组，通过深入调查，反复研究，易稿 17 次，历时一年，并经中央书记处两次听取汇报和讨论，最后定稿。1985 年 3 月 11 日，中共中央、国务院发出《关于放宽政策、加速发展水产业的指示》（中发〔1985〕5 号文件）。这是 30 多年来中共中央、国务院第一次单独为水产业发出的联合指示。文件规定水产品价格全部放开，实行市场调节；规定产供销、渔工商、内外贸可以综合经营等。中国渔业发展驶入快车道，用了不到 10 年的时间，解决了城乡居民“吃鱼难”的问题。[③] 这一系列方针、政策的调整，使中国渔业发展进入一个新的发展阶段。

水产品开了流通体制改革先河，此后中国农产品流通体制的市场化改革加快推进，到 1993 年底，全国范围内取消了实行 40 多年的口粮定量办法，价格随行就市，作为计划经济的标志物，“粮票”等票证也退出历史舞台[④]。

风起于青萍之末。太平洋西岸一只蝴蝶扇动翅膀，可能会引起太平洋东岸一场风暴。中国乡村和城市广大居民，乃至整个社会经济体系受益至今的农产品价格放开，其最初的动力之一，说来令人难以置信，竟是一张兑现不了的鱼票。

---

① 朱森林口述，陈俊凤，卢荻，陈宪宇整理．广州改革开放若干问题的回顾［M］//全国政协文史和学习委员会，等．十四个沿海城市开放纪实：广州卷．北京：中国文史出版社，2015.

② 张敬东，邓杜廉，梁鸿庆．杜瑞芝同志与广东农村改革［N］．南方日报，2012－11－29.

③ 常理．渔业：从“吃鱼难”到“吃好鱼”［N］．经济日报，2016－12－30.

④ 陈锡文，赵阳，罗丹．中国农村改革 30 年回顾与展望［M］．北京：人民出版社，2008.

就让我们从这张兑现不了的鱼票，来回顾当年的历史吧！

专栏 1

在纪念改革开放十周年之际，1988 年 12 月 8 日，海内外人士投票 45 多万张，评选出广东改革开放十件大事，“放活市场，城乡繁荣”荣列其中。广州市也历时近 4 个月，评选“广州改革开放十大成就”，第二个成就就是“率先开放肉菜市场，主要副食品坚持放开供应”。

专栏 2

2008 年是中国改革开放 30 周年，中央电视台于 12 月 9 至 18 日，在七套节目播出改革开放 30 年系列专题片《一号行动》，反映在不同的年代背景下，10 个中央“1 号文件”的侧重点，其中第四集说的就是广州市放开塘鱼价格：

改革是摸着石头过河，就是要闯出一条前人没有走过的道路。广东人爱吃鱼，而且广东的气候一年四季都适宜塘鱼生长，鱼塘也很多，但是由于统购价低，养鱼户没有积极性，鱼的产量很小，市民也没有鱼吃。经过认真准备，1979 年广州市尝试从塘鱼入手，放开价格，自由买卖，随行就市。

改革从来都不是一帆风顺的。塘鱼市场放开后，人们踊跃购买，市面上塘鱼供不应求，导致塘鱼价格大幅上升，……引起了部分市民的不满……

广州市鱼价的上涨，让一些富有经济头脑的周边养鱼户捕捉到了商机，他们开始大面积承包鱼塘养鱼，并把鱼贩运到广州销售，市场上鱼多了，价格自然就降了下来。

1983 年底塘鱼市场再次全部放开。市场上塘鱼品种丰富，价格合理，市民再也没有了怨言。

……

广东省在农产品流通体制的改革尝试，为 1985 年中央一号文件的制定出台提供了一个典型的案例……

专栏 3

2008 年，9 月 16 日《南方日报》以“激流岁月”和“闯者善行”两个专版报道当年鱼价改革：“价格改革塘鱼率先撬动‘钢板’”。同时，广东经济体制改革研究会等单位组织评选“广东改革开放 30 件大事”，按得票排名在第六的是“1978 年，广东率先进行价格‘闯关’”。2010 年，9 月 6 日《南方日报》以“1980～2010 特区改变中国”为题，用 32 个专版报道 30 年 30 人、30 年 30 事、30 年 30 企、30 年 30 词，以“价格闯关”为第四件事，回顾当年鱼价改革：

价格改革广东先行先试

务实的广东率先放开塘鱼价格，撬动价格“钢板”。从 1979 年开始，广州率先放开塘鱼价格，进行流通体制的市场化改革，结果鱼价涨了几倍，一斤要几块钱。群众议论纷纷，甚至还直接告到了国务院。但决策者顶住了压力，继续坚持价格规律。

专栏 4

2011 年 7 月 1 日，《南方日报》出版纪念中国共产党成立 90 周年特刊，其中第 4 专题讲述，从 20 世纪 80 年代受命探路改革开放，到 20 世纪 90 年代领潮市场经济，在中国当代改革史上重要关头，广东的共产党人总是以改革开放闯将的面貌出现，为中国的现代化事业开辟出一条新路。在这翻天覆地的 20 多年中，广东率先进行物价改革、创办经济特区、发展民营经济、建立珠三角经济区……报纸是这样回顾当年的“鱼价改革”的：

破！广东受命“杀出一条血路”

1978 年，广东省委第一书记习仲勋收到老百姓寄来的一张鱼票，深受震动。当时“文革”刚刚结束，僵化的计划经济使得国民经济几近崩溃。在素以物产丰富著称的珠三角，广州人虽然每月可拿到 5 角鱼票，但竟然没鱼可买。气愤的市民索性把鱼票寄给了省委书记！广州市民中流传着这样的民谣，“四季如春没菜吃，鱼米之乡没鱼吃”。

而在北京，第三次复出的邓小平指出：“如果现在不实行改革，我们的现代化事业和社会主义事业就会被葬送。”

习仲勋等广东省领导人深深地感受到压力。这年底，中国第一家行栏货栈——广州市河鲜货栈正式开业；次年，广州率先放开塘鱼价格，在流通领域进行市场化改革。之后，广东又陆续放开了蔬菜、水果价格，实行敞开供应。其结果如魔法般神奇，广东老百姓的菜篮子一下子充盈起来。

广东在全国率先进行物价改革，打破了人们对于计划经济的迷信，初步感受到了市场的威力。

第一章

传统："食在广东"鱼为先

图 1-1　珠江三角洲水天一色

广东濒临南海，海域辽阔，海岸线长。省会广州市是沿海的河口城市，珠江水系的东、西、北江经此汇流出海。由于珠江口岛屿众多，水道密布，有虎门、蕉门、洪奇门等水道出海，使广州成为中国远洋航运的优良海港和珠江流域的进出口岸，有中国"南大门"之称。珠三角地区水网密布，渔业资源多样富饶，池塘养鱼的历史悠久，可以上溯到唐代，是桑基鱼塘的发祥地，可谓鱼米之乡。

鱼在当地的膳食结构和饮食文化中占据重要地位，地理的优势和历史文化的传承，赋予了广东人会养鱼、喜吃鱼、会吃鱼的特点。作为千年商都、丝绸之路的起点和最早的市场开放之地，广州还是重要的水产渔获集散地，养殖、加工、流通及贸易中心，有着非常好的市场基础。

广州人务实、开拓、重商的特质促进了商业的创新，形成了得风气之先与开风气之先的改革精神。基于这些地理资源优势和历史文化传统，鱼价闯关肇始于广州，就不难理解了。

一、水边居民嗜海鲜

现在的珠江三角洲在万年前是岭南一个漏斗形大海湾，西江、北江、东江在这里汇流出海，受海水的顶托，逐渐淤积成一片沃土，是一块得天独厚的宝地。这片沃土从西面、北面到东面，被一系列断断续续的小山体围绕着；南面滨海地区，有着辽阔的滩涂和沼泽，珠江最后形成了八大出海口，小港汊无数，咸淡水鱼类和两栖类、甲壳类、爬虫类都很多，自古以来是中国水产资源最丰富的地区之一。

南海海洋渔业资源丰富，南海海域约有鱼类 1 000 多种，在沿海大陆架区的鱼获物中常见的具有食用价值的约 200 种；分布于大陆架区的虾类有 135 种，主要的经济虾类约 30 种。广东境内河流很多，池塘、水库遍布，江河生活的鱼类有 280 多种，纯淡水鱼类 200 多种。岭南人"食杂"和特别钟情于海产的传统，与这个富饶的自然环境有着密切的关系。

粤菜以海河鲜作原料的品种众多，其中石（石斑鱼）、龙（龙利鱼）、鲟（鲟龙鱼）、嘉（嘉鱼）、桂（鳜鱼）、虾（对虾）、蟹（膏蟹、肉蟹）、螺（响螺）、鳊（鳊鱼）、鲈（鲈鱼）在传统粤菜中被誉为十大名品；鲍鱼、海参、鱼翅、鱼肚等海味干货则被认为具有滋补价值而被推为上品。屈大均《广东新语》称："粤俗嗜鱼生，以鲈、以鲠、以鳝白、以黄鱼、以青鲚、以雪鲶、以鲩为上，鲩又以白鲩为上。"

在珠江三角洲有许多贝丘遗址，就是当年先民们吃海鲜留下的印迹。在广州东面约百里远的增城城南 10 公里处，有保存完好的贝丘遗址——增城金兰寺遗址。

这是一个距今 4 000 多年前的文化遗址，属于新石器时代贝丘遗址。贝壳是那个时代的人采食后弃置的。原来，在亿万年前，这里还是大海的领地，后来随着东江、增江等珠江支系的冲刷，大量泥沙堆积，海水逐步退

图 1-2　金兰寺贝丘遗址

却，形成冲积性平原。

二、“鱼米之乡”美名扬

珠江三角洲的人民将涝洼地挖池塘养鱼，始于汉代。汉墓出土不少陶制池塘模型，就是这种副业的反映。但池塘养殖业的大规模发展，主要是在唐宋以后。唐人段公路所著的《北户录》中就有记载，当时南海郡的农民将鲮鱼和鲤鱼“蓄于池塘间，一年可供口腹也”。在明万历九年（1581 年）清丈土地时，顺德就有鱼塘 4 万余亩①。

在中国农业发展历程中，珠江三角洲的养鱼业占有重要地位。1 000 多年来，广州附近出现了许多桑基鱼塘、蔗基鱼塘和果基鱼塘，逐渐形成了先进的基塘副业体系。每年干塘时，塘泥成了桑、蔗、果的优质基肥，桑叶每年可饲七八造蚕，蚕屎养鱼，使塘鱼年年丰收，形成了农业生产和生态环境的良性循环，使珠江三角洲成为全国水果、塘鱼丰产区和全国三大蚕桑中心之一。长期以来，珠江三角洲成了中国淡水养殖业的先进地区，每年养殖出产大量的鲩、鳙、鲢、鲮、鲤、鲫鱼（被称为“六大传统家鱼”），成为遐迩闻名的“鱼米之乡”。近代还源源运往港澳等地，鱼苗则供应全国各地。

图 1－3　依水而居的珠江三角洲“鱼米之乡”

① 亩为非法定计量单位，15 亩＝1 公顷。下同。——编者注

在依水而居、自给自足的农村，土地用途的一般安排是稻田占七成，池塘、菜地、果园各约占一成，村民生活所需的粮食、蔬菜、鲜鱼、水果都能在村庄内解决。当地种双季稻，一年有三个农忙季节：春耕春种，夏收夏种，秋收，时间约三个月。另九个月时间，所谓的农闲，主要是割草养鱼、浇菜施肥、采收水果。这样，就形成了"鱼米之乡"，饮食习惯以"饭稻羹鱼"为主，人们理想的日常饮食是"朝鱼晚肉饭后果"。乡村生活，日出劳作，日落休息，渔樵耕读，充满诗情画意。

唐宋以前，珠江三角洲不少部分地区都是面临大海，地势低洼，水患严重威胁着人民生活。因此，珠江三角洲人民根据地区特点，因地制宜地把一些低洼的土地挖深为塘，将泥土复于四周成基，既地尽其利，又可降低地下水位。这些低洼地势，挖塘蓄水养鱼，不但可以发展生产，又能使挖塘的余泥填高部分地面，在一定程度上减轻水患。这种基塘生产形式是当时劳动人民改造自然、充分利用低洼地发展生产的方法之一。

图 1-4　珠江三角洲"桑基鱼塘"

14 世纪后期的明初，广州成为一个拥有广大消费人口的商业城市，各地墟镇也逐渐繁盛，对水产品需求量随之增加，促进了养鱼业发展。明洪武十年(1377 年)，南海、番禺、东莞已有与禾田同等重要纳一等赋的塘。明初池塘养鱼兴起之后，在原本不适应果木生长的低洼地区，利用堆土筑墩或挖土筑基，以填高地势，相对降低地下水位种植果树。更利用凹陷的积水池进行养鱼，以收到果鱼两利，后人称为“果基鱼塘”。明万历年间，南海县九江地区的塘基，人们将低洼积水地或易淹的农田挖深作池塘，挖出的泥土培于池塘四周以为基，池中养鱼，基上栽植荔枝、柑橘、龙眼等果树。

到明代中叶，广东城镇人口增加，又刺激了商品性农业生产的开展，池塘养鱼业开始进入商品性生产时期。顺德县陈村等地区的“筑海为池者”，“辄以顷计”。正统十四年（1499年），珠江三角洲西北部的龙江地区（今属顺德），沿村已有不少池塘，而且互相毗连。而与之相邻的南海九江乡，出现基塘养鱼区雏形，形成三基七水或四基六水配合的基塘地貌。明末，九江乡已是“鱼塘十之八，田十之二”。

珠江三角洲的“桑基鱼塘”布局，是明末兴起的。因“桑基鱼塘”布局能够很好地把养鱼业和蚕桑业的生产结合起来，成为比较合理的连环性生产体系。到清初，由于国际贸易对丝绸需求的扩大，种桑养蚕的获利大大超过了水果的收益。不少地区从原来的果基鱼塘生产形式大量改为桑、塘专业性生产。此后，果基鱼塘的生产方式，逐渐为“塘以养鱼，堤以树桑”的桑基鱼塘代替了。当时形成了包括南海县的九江、海洲、镇涌、金瓯、缘潭、沙头、大同等乡，顺德县的龙山、龙江等乡，香山县的小榄和鹤山县的坡山、维敦等连为一片的“桑基鱼塘”专业生产区域。桑基鱼塘，种桑养鱼，已经成为珠江三角洲地区的重要商品生产。当时的屈大均生动描绘依靠商品经济发家致富的新型农民的形象——“左手数鱼，右手数钱”。

清中期，受蚕桑业商品经济的促进，不少洼田被改成鱼塘，洼田地区变成基塘地区，出现“人与鱼共命，鱼与谷争秋”的情景，挖田筑塘的风气向邻乡及其附近扩展，达到历史上的高峰。高明县三洲“业蚕之家，将地挖深，泥复四周为基，中凹下为塘，基六塘四，基种桑，塘畜鱼，桑叶饲蚕，蚕屎饲鱼，两利俱全，十倍禾稼”。番禺县“北暨菱塘、新造，南至香山、黄阁，批筑田地数百亩，锹塘仲桑养蚕，同时并举”。顺德县“自从咸（丰）同（治）来，鱼塘日益稠”。“至光绪末年，禾田多变基塘，莳禾之比，不及十一，谷之登场亦罕矣”。可以看到，珠江三角洲的河涌密布和“地势低洼，水潦频仍”，是形成基塘区的基础。围“海”筑塘和挖田筑塘，是当地劳动人民改造洼地，利用自然的主要途径。

到20世纪初，佛山“植桑畜鱼约居十之二”。1921年，南海县有池塘19.84万亩，顺德县34.88万亩，中山县6.86万亩，新会县3.648万亩。四县合计 65.228 万亩，比明万历九年（1581 年）95 773 亩增 55.65 万亩。据 1940 年《经济年鉴》载："本省各县，因池沼遍布，及鱼花之供给便利，故池塘养鱼业甚为发达。……池塘面积 150 万亩，普通池塘，每年可产三担余，瘦塘约产一担，平均每年产额约 400 余万担[①]。此种鱼货，多供鲜食，除在产地销售外，战前多运销香港、澳门、广州等地，以广州市为唯一最大销场，乃本省主要之生产事业也。"该年鉴还列出《广东省池塘养殖业概况表》，显示 34 县共有池塘面积 157.6 万亩，产量 456.6 万担，产值 6 845.7 万元（每担 15 元计）。当时估计分类产量是：鲩鱼约 100 万担，鲮鱼约 160 万担，鲢鱼约 50 万担，鳙鱼约 60 万担，鲤鱼约 70 万担，青鱼约 10 万担。

表 1-1　20 世纪 30 年代珠江三角洲 11 县池塘养鱼概况

县别	面积（亩）	产量（担）	价值（万元）
合计	1 381 000	4 026 000	6 189.0
顺德	320 000	960 000	1 440.0
南海	240 000	720 000	1 080.0
东莞	130 000	390 000	585.0
三水	124 000	372 000	558.0
中山	120 000	360 000	540.0
番禺	120 000	360 000	540.0
高要	120 000	360 000	540.0
新会	110 000	330 000	495.0
增城	80 000	240 000	360.0
台山	15 000	30 000	45.0
宝安	2 000	4 000	6.0

鸦片战争结束以后到 1937 年前这一段时期，是广东历史上养鱼生产发展的盛期。特别是广东养鱼生产的基础立足于省内外城镇需求上，受国外经济危机影响较少，在经济低落的最初几年，即 1934 年前，有些基塘区还得靠池塘生产维持一定的收入。在国外经济危机发生后的一段时间内，出口香港、澳门的塘鱼数量也没有明显减少。1932 年全省鲜鱼出口为 6.84 万担（主要是珠江三角洲），1934 年仅广州、九龙、拱北、江门等四处的鲜鱼出口就达 56 042

① 担为非法定计量单位，1 担＝50 千克。下同。——编者注

担。广东省鲜鱼出口价值在30年代前期呈上升趋势。

1938年10月，日军侵占华南，珠江三角洲基塘地区匪敌横行，农民流散，死亡载道，基塘荒废。如南海县九江清河乡，战前以蚕、渔为业，全村2 000户之六成从事养鱼。到1942年，仅剩下388户，池塘大半荒废。顺德县杏坛“区民处于敌灾、匪祸、米贵夹攻之下，死人过半”。“除死之外，余则散诸四方，以致土地荒芜，一望数十里无人耕。”南海、顺德一带，淡水养殖业之中心，日寇、伪军蹂躏，年中损失不下3 000余万元。可见当时养鱼生产所受损失非常严重。

1945年抗日战争胜利后，由于国民党对农村的苛捐杂税和残酷掠夺，金融动荡，通货膨胀，本已奄奄一息的养鱼生产，得不到恢复。1949年广东省淡水养殖产量仅有5.2万吨，比1935年减少三分之二。

中华人民共和国成立初期，广东省淡水养殖的池塘约80余万亩，其中顺德、南海、中山、新会、鹤山等县主产区44万亩，1950年广东省淡水养殖产量为34 215吨。1951年农村进行土地改革，养鱼积极性大大提高。1952年广东省淡水养殖产量提高到100 952吨，比1949年增长94.1%，平均每年增长23.4%。

图1-5　1949年3月，广州珠江两岸。船舶云集，其中许多是捕鱼或卖鱼的小船

土地改革以后，农民在发展生产中遇到了资金、技术、劳力不足和水面分散等困难，便组织起来走互助合作道路。在水面使用上，因地制宜，推行“大塘养大鱼，中塘养鱼格，小塘开花育苗”的多级轮养制；因而，淡水养殖业生产得到较快恢复和发展。在塘鱼产销区和城市设立淡水鱼交易市场，减少流通环节，并以合理价格收购或代销农民鱼产品，既保障了养鱼户的利益，又搞活了流通渠道，促进了生产发展。到1957年，广东省淡水养殖面积达176万亩，养殖总产量14万多吨，比1953

年增长了43%。

三、广州"无鱼不成宴"

广东人喜欢吃鱼，有"无鱼不成宴"之说。每逢佳节，餐桌上不能缺少各式各样的鱼虾，清蒸、煲汤、香煎……各种做法，应有尽有。

早在1940年，广州十三行就出现海鲜饭店。十三行曾经是外国商人聚居和中外货物集散之地，银庄、洋行林立，商业非常繁荣，饮食业也十分兴旺。在这里开业的利口福海鲜饭店，最初只是一家小饭店，厨师都来自广东省著名的"鱼米之乡"——顺德县城大良镇。顺德县（今佛山市顺德区）鱼塘星罗棋布，河涌交错，是珠江三角洲桑基鱼塘重点地区，有30多万亩鱼塘，是中国池塘养鱼面积最大、产量最多的县。广州、香港、澳门市场的塘鱼，多由顺德供应。这里旺产的鲮、鳙、鲩、鲢"四大家鱼"，不仅肥美而且新鲜，随时随处都有"活口货"。其他如鳝、鳖、虾、鲥、鲈等河鲜亦应有尽有。顺德人喜欢吃鱼，尤精于烹饪河鲜海产，逐渐形成特色鲜明的饮食习俗。大良古有"凤城"之称，饮食业发达，近代名厨辈出，有"中国厨师之乡"之美誉。近世有"食在广州，厨出凤城"的说法，广州、香港、澳门以及海外粤人聚居地的酒楼餐馆，多喜标榜"凤城名厨"以广招徕。

图1-6　池塘养鱼丰收捕鱼场景

当地人喜欢鲜活鱼类，地道顺德菜和精品粤菜，食材讲究新鲜、本土风味。顺德厨师秉承“食鱼者首重在鲜”的传统，烹调活鱼火候掌控得宜，确保鱼肉鲜滑嫩口，突出鲜美本味。我们常见的顺德粥水火锅，喜欢用鱼片来涮，还有常见的顺德鱼生、酿鲮鱼、鲮鱼球、大盘鱼等。

顺德民丰物阜，当地人自古食不厌精，脍不厌细。平淡无奇的淡水鱼，经过“凤城厨师”之手，成为食客铭记在心的美味佳肴。“凤城厨师”烹饪淡水鱼，地方特色鲜明又大众化，主要有全食、块食、片食、拆食、剁食、酿食、生食和腌食八种。

著名宴席“九江全鱼宴”，驰名珠三角。南海县始自秦始皇三十三年（公元前 214 年）设立的南海郡，郡治在番禺县（今广州，因番山、禺山而得名）。南海郡尉任嚣在此筑城，后人称为任嚣城。以任嚣城的出现作为广州建城的开始，至今也有2 220多年的历史了。后来南海撤郡建县，一直以广州为县城，到 1920 年广州建市后，南海县城才搬往佛山。所以，广州的饮食习俗，与邻近的南海、番禺、顺德同为一体。南海九江近水，镶嵌在西、北江之间，水路交通便利，是一个具有 800 多年历史的古商埠，传说宋时有 9 条江流经此地，九江因而得名。现代的九江镇内河涌交错、方塘如镜，是珠江三角洲桑基鱼塘重点地区的中心地带，出产最多的是淡水鱼，九江鱼远近闻名。

图 1-7　全鱼宴

九江人养鱼、吃鱼已有近千年的历史，九江人吃鱼时嘴特别刁，能吃出鱼的新鲜程度来，就算是活鱼上桌，九江人不用动筷子，就能判断出这条鱼是不是“失魂鱼”（以前将因运送途中过多碰撞而产生不良反应的鱼，称为失魂鱼）。“九江全鱼宴”创于 20 世纪六七十年代，全以鱼的各个部位为材料，运用不同的烹饪手法，将淡水鱼这种食材发挥得淋漓尽致。当时四方食客慕名而来，只为品尝“九江全鱼宴”。

九江传统的鱼宴菜式有 70 多种，最初以鳙鱼、鲢鱼、鲮鱼、鲩鱼四大家鱼为原材料，随着当地渔业的发展，又推出新的鱼宴版本，采用高值鱼做原料，如桂花鱼、鲈鱼、红眼鳟、鳗鲡等，再加上进口调味品，煎炒焖焗汤羹油炸凉拌，制作出更多新菜。

专栏　鲮鱼宴

1984 年，笔者参与筹办广东省淡水养殖优质新品种品尝会，针对鲮鱼较多的情况（占塘鱼主产区养殖产量的三分之一，占广州水产品凭票供应市民鱼类的一半），曾与广州利口福海鲜饭店的厨师一起，探讨设计出全“鲮鱼宴”。

鲮鱼是广东特有的一种淡水鱼，其肉质鲜美，但刺较多。秋后鲮鱼的肉质最好，打出来的鱼胶最鲜。用 5～6 斤鲮鱼（当时的规格约 20 尾），全部去鳞去鳃去内脏（俗称“三去”），同时内脏留下鱼鳔、鱼肝和白肠（鲮鱼畏寒，天冷停食，肠中无异物，外表洗干净可烹调食用）洗净备用。

图 1－8　当年筹办淡水养殖优质新品种品尝会编制的图集

选最大的两尾鲮鱼（约 1 斤），将脊椎骨连肉挖出，留下完整的头部、皮肤和鳍条（完整地连在一起），将取出的鱼肉剁成鱼蓉，陈皮、香菇、马蹄、香菜分别切末放入鱼蓉中，加淀粉、胡椒粉、盐搅拌均匀调味后酿回皮囊内，填满后整理成原来鲮鱼的形状，将酿好的鲮鱼放入平锅中煎至两面金黄取出，锅中放油，下豆豉、蒜末煸香，冲入适量开水放入鲮鱼，加胡椒粉、盐、味精、白糖、蚝油、酱油调味，焖制 5 分钟。即成鲜嫩可口，营养丰富的“酿鲮鱼”，这是最具广东特色的招牌菜。

选两尾次大的鲮鱼（约 0.8 斤），用蒜头、豆豉捣酱抹在鲮鱼身上和肚内，在稻米煮饭将熟时放入饭锅内蒸熟为“饭面蒸鲮鱼”。

其余的鲮鱼，将头腩连在一起切下，拌上豆酱，头向外排，在圆碟上隔水蒸熟上桌，就有了“豆酱蒸头腩”。

切下头腩的鲮鱼身，沿着脊椎骨切出两片鱼肉，脊椎骨连着鳍条，分成2～3段，拌上面粉、蛋清等配料，下油锅炸脆，就成了“香脆鱼骨”的下酒菜。

鱼皮与鱼肉分离，用开水灼熟，拌上味料，就有了“爽脆鱼皮”的小菜。

鱼肉在与皮分离的那边，用刀刮三层鱼青（每年秋冬季节，鲮鱼在皮下堆积大量的脂肪，俗称“鱼青”），经过手工反复搓打至透明，富有弹性，再均匀地压成如纸一样的皮，就成了鱼包的皮。包上打成粉状的鲮鱼肉、腊肠、腊鸭、香菇、润肠、少量的葱花混合在一起的馅料，就做成“鱼包”，用荷叶蒸或上汤浸，下口的鱼包外滑内香，鱼包皮弹牙，韧性好，馅料香口，让人回味无穷。

刀刮三层鱼青后的鱼肉剁至糜状，一部分与上等面粉搓匀研薄作皮，瘦猪肉、虾仁、韭黄、嫩笋、白芝麻配料拌匀作馅，包成饺子状，略似北方饺子，又称“鱼皮饺”。放入熬好的上汤中煮熟即可。形状改为扁平半圆形，呈粉角状，于是鱼皮角遂告问世。

一部分剁至糜状的其他鱼肉，加配料和生粉挞至起胶，再捏成丸状，名“鱼球”，蒸熟或沸汤浸熟均可，又可配其他佐料煎、革、炒、炸，皆成美食。

至此，有酿鲮鱼、饭面蒸鲮鱼、豆酱蒸头腩、香脆鱼骨、爽脆鱼皮、上汤“鱼包”、鱼皮饺、鱼球、鱼肠蒸蛋、鱼鳔炒芹菜百合，共十个菜式，就成了一桌全“鲮鱼宴”。

四、形成水产市场

作为我国最早的市场开放地，广州历史上商贸繁荣，具有广大的商业流通体系，是重要的水产品集散地，有着非常好的市场基础。

广州水产品购销历来是由市郊及邻近广州的南海、番禺、顺德、中山、东莞、宝安、新会、台山、阳江等地的渔民以船艇将鱼货运来广州泮塘、天字码头和大沙头等地摆卖，直接售给零售商、小贩，或通过广州的小商贩代销。20世纪初广州出现鱼栏，水产品批发交易主要是在鱼栏内进行。鱼栏由较大的鱼贩和产区较大的生产者集资或独资开设，分塘鱼栏、咸鱼栏、河鲜栏和海味栈，鱼货按不同种类成行成市经营。塘鱼栏、河鲜栏集中在黄沙、如意坊和兴隆街，以拍卖形式代客买卖，赚取佣金；咸鱼栏集中在今海珠广场东边，天字码头以西一带，以自营批发为主，现金买卖；海味栈则集中在一德路的南面，以代销为主，兼有自营，也有赊账经营。

由于行栈每日只开早午两市，且成交批量较大，对小本经营者和全日供应的小商贩来说，在资金、时间上都难以适应，1915—1920 年，一些本钱较多的鱼贩一次性从鱼栏批回较大量的鱼货，再批发给零售商贩，从而形成了水产市场的二批发商（即零拆商）。水产品在广州市场的流通一般经过生产者→运销商→行栏→二批发→零售商等环节。广州市的水产品主要销售市内和邻近的山区县市，如从化、英德、龙门等地，也有少量由行栈和二级批发商运销港澳。市场购销的货源计划完全靠运销商、行栈和二级批发商按照市场信息来控制，货多时运销商少运来市，而本市的行栈、二级批发商则按需吸入储存；货少时则行栈和二级批发商吐出，运销商则及时组织货源抢运，以市场供求调节购销。

1930—1936 年，陈济棠主粤时期，利用广东水产丰富资源，开发渔业，创办鱼市场。先后兴建了上川岛渔湾，办起了渔船及渔具制造厂，筹建了广海、闸坡、西江口、珠江口、汕头、汕尾、平海、电白、海口、清澜、三亚、新英、北海等渔业区，区内设立鱼市场。随着资金的积累、从业人员的增加，鱼栏货栈的数量从少到多，规模由小到大逐步发展。至 1937 年，广州有大小咸鱼栏多达 32 家，塘鱼栏、河鲜栏则有 23 家，节日期间水产品上市量达 1 000担以上。

抗日战争时期，鱼市场的经营秩序受到战争的影响。1938 年 6 月 4 日，日军飞机轰炸广州，设在东广场的咸鱼栏受灾惨重，被迫迁往一德路迎珠街经营，从此打破了咸鱼、海味分开经营的传统，也由此而形成一德路咸鱼海味一条街。同年 10 月，日军入侵，广州沦陷，鱼栏货栈的营业几乎全部陷于停顿，从业人员纷纷下乡躲避战祸。

1940 年日本人为了掠夺渔业资源，在南华东路海珠桥脚西侧强拆民房建鱼市场和水产公司，企图垄断华南渔业经济。场内建有制冰厂、冷库、码头、浮趸、卸鱼场、拍卖场、仓库等配套设备，占地数千平方米。主营冰鲜鱼、咸鱼、海味及其他海产品。鱼货从中国香港地区、日本等地输入。这是广州市最早的冰鲜鱼市场，但因塘鱼鲜活价廉，广州人吃冰鲜鱼又不习惯，故销量不大。

图1-9 20世纪30年代珠江河中的“海珠公园”周围有数以千计的以小船为生的水上人家，成为广州的一大特色

1945年抗日战争胜利后，日本人经营的鱼市场停业，本地人开设的鱼栏货栈不断扩展。塘鱼栏、河鲜栏分化为位于河南海珠桥脚西侧的东栏和位于黄沙码头西侧的西栏两大片鱼栏，内有独立经营的鱼栏12家，二批发打货艇110家，日上市量1 000担，货源来自顺德、南海、中山等鱼产区。一德路经营咸鱼海味的大栏发展到40多家，为中华人民共和国成立前最旺盛期。鱼栏和大鱼商控制着全省水产品的运销①。

中华人民共和国成立后，水产市场秩序得以重塑。国家接管了水产品交易市场鱼行②，并创建了国营的水产企业和供销系统。1949年10月14日，广州解放。国民党军队在败退时炸毁海珠桥，广州鱼市场的建筑物和设施受到严重破坏。广州解放后，广州军事管制委员会接管原国民党政府农林部广州鱼市场，于1949年11月11日重新开业，实行鱼货集中管理、销售等一系列办法。1950年5月成立广东省水产企业公司，并相继在广州和沿海地区建立9个鱼市场。1951年初，广州市人民政府逐步撤销私营鱼栏，取缔二批发商。1952年下半年广东省水产企业公司设广州市水产营业部，负责广州市塘鱼（包括河鲜贝介）、咸鱼海味、冰鲜鱼供销管理工作；并在河南海珠桥脚建立国营鱼栏，

---

① 《当代中国》丛书编辑部．当代中国的水产业［M］．北京：当代中国出版社，1991：16.
② 《当代中国》丛书编辑部．当代中国的水产业［M］．北京：当代中国出版社，1991：40.

在大坦尾设塘鱼门市部，自营及代销批发塘鱼；在一德路设立咸鱼、海味批发部、门市部和冰鲜批发部，首层建成 80 吨冷库，集中经营冰鲜鱼批发业务；随后又设立海河鲜门市部，收购、代销渔民在近海和内河生产的产品，均微利经营以吸引生产者。

1951 年 9 月，广东省政府发布《鱼市场管理暂行办法》，规定"各地鱼市场为该地唯一合法的鱼货批发市场"，"凡设有鱼市场的地区，鱼货第一次交易均须集中于鱼市场进行"，"批发方式采取公开拍卖制度"。并在这一基础上开展国营水产品购销业务，1951 年收购水产品 5 303 吨，销售 4 552 吨；1952 年收购水产品 44 126 吨，销售 16 928 吨，出口 2.09 万吨。虽然在这一时期的鱼市场仍沿用自由议价或在幅度价内（最高和最低限价）的竞价方式交易，但由于国家及时收购、及时吞吐水产品货源，抑制了不法鱼商在鱼多时压价、鱼贱伤渔，保障了渔民和消费者的利益，稳定了水产品价格，对恢复渔业生产起到了重要作用。

为了进一步加强水产品市场的管理，从 1953 年起，除部分地区，水产品一律由国家按牌价进行收购。1954 年，水产供销实行计划收购、计划分配，绝大部分水产品掌握在国家手里，收购和批发业务统由国营公司经营，零售业务由小商贩改经营。

1954 年初，广东省水产企业公司广州营业部首先在珠江三角洲塘鱼主产区开设 6 个塘鱼收购站（顺德县勒流、水藤东、三洪奇，南海县沙头、官山、澜石），收购塘鱼；同时在汕头、湛江、佛山等省内主要鱼产区设立收购站，统一议价收购冰鲜、咸鱼、海味，运销广州市，并通过广州转销粤北山区。同年 7 月 1 日，塘鱼开始统购，广州市的水产品购销开始进入计划经济时期。

1951—1955 年，广州市水产品上市量多，1955 年每人平均年消费量为 39.44 斤，其中塘鱼 21.44 斤。

1956 年初，广东省水产局将广州水产营业部划归广州市领导，成立中国水产供销公司广东省广州市公司。1956 年后广州咸鱼海味店、海鸥水产店、江河水产店先后建立，归市水产供销公司一德基层店管辖。

在广东省塘鱼主产区的南海、中山、顺德、新会、鹤山、江门、佛山等县（市），淡水鱼由国营水产供销公司设点定价收购。与 1952 年比较，1957 年收购量增加 567%，销售增加 1 213%，出口增加 24%，市场兴旺。1956—1957 年，由于市场上副食品丰富，又遇渔业丰收。水产品呈现供过于求的状况，大量积压，这一时期供销工作的中心任务是打开水产品销路，支援渔业生产发展，各级水产供销公司组织力量在全省范围内开展赊销，推销水产品工作。

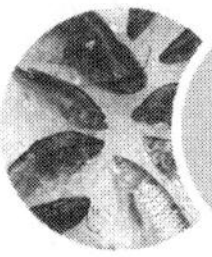

第二章

怪事："鱼米之乡"没鱼吃

广东自然条件优越，渔业发展历史传统悠久，生产技术与经验丰富，是著名的鱼米之乡。广东人爱吃鱼、会吃鱼，无鱼不欢。但是自 60 年代以来的很长时间内，却是"食无鱼"，被"吃鱼难"困扰多年。

"大跃进"时期的水产品生产遭到破坏。随着市场供应紧张程度加剧，水产品也实行了统一收购的政策，1959 年 5 月，国务院批转了水产部《关于当前水产品供销工作情况的报告》，加强了对水产品的收购、出口和调运工作。产地水产品除留下少量自食外，原则上全部卖给国家制定的商业或水产收购部门，不得自行运销，在当地销售还要服从上级安排，严重挫伤了渔民生产积极性和产地生产购销部门的积极性①。在"调整、巩固、充实、提高"方针的贯彻下，生产和销售有一定的恢复。

1963 年起，国家对水产品的购销政策进行了调整，把统购改为派购，本着留有余地的原则，确定了水产品购留比例，国家计划收购外的渔货就由生产队自行处理，允许其在自由市场上出售或换取渔需物资，集市贸易鲜活水产品数量大、品种多，呈现繁荣景象②，"吃鱼难"得到一定缓解。

1965 年，受城市"四清"运动影响，鱼栏、农贸市场被作为"资本主义尾巴"割掉，议价商品来源受到限制，而牌价塘鱼计划上调广州实际调入量减少。到年底，水产品的议价经营基本停止，鱼栏、货栈全部撤销，国营商业一统天下，水产品货源渠道单一，生产积极性受到打击，广州市再度陷入"吃鱼难"的局面。

"文化大革命"时期，水产业遭到严重破坏，水产品购销受"左"的影响，

① 《当代中国》丛书编辑部．当代中国的水产业［M］．北京：当代中国出版社，1991：55－56.
② 《当代中国》丛书编辑部．当代中国的水产业［M］．北京：当代中国出版社，1991：60.

实行统一派购、统一销售、统一分配的计划经营，个体从事水产品生产、运销都被禁止，水产品供应急剧减少。此间，广东省继续下达计划调拨水产品给广州市派购统销，但调拨计划不能实现，使广州塘鱼供应下降至历史最低水平，广大消费者对水产品供应不足严重不满。

一、统购统销政策

中华人民共和国成立初，我国渔业形势整体属于供大于求的局面。这时因为鱼货运销途径不畅，人们购买力水平较低，渔民愁的是卖不掉，大家吃不了这么多鱼。此后渔业迎来了一个发展期，但生产、购销体制的单一化以及对资源过度捕捞，供求关系加速转化，供应不足的问题很快凸显出来。

1953 年 10 月 16 日，中共中央发出了《关于实行粮食的计划收购与计划供应的决议》，在对粮食实行统购统销以后，还对生猪、鸡蛋、糖料、桑丝、蚕茧、黄红麻、烤烟、水产品实行派购，品种多达 132 种。

1954 年 4 月，广东省人民政府颁发《广东省水产品交易市场管理暂行办法》，5 月将广东省农林厅水产局升格为广东省人民政府水产管理局，同时撤销广东省水产企业公司，分别成立省水产供销公司、国营南海水产公司和省水产养殖公司。

1956 年 6 月 30 日，广东省人民委员会（简称"人委"，即人民政府）决定省水产管理局改为省水产厅，隶属省委财贸工作部领导。1958 年"浮夸风""共产风"所造成的失误，给供销企业带来损失和混乱。加以渔业连年减产，造成了连续三年大减收的局面。

1958 年，国务院批转商业、水产等 6 个部门关于商品分级管理办法的报告，正式把商品分成三类进行管理。规定 21 种水产品列为二类产品，由国家统一收购，深海作业产品实行全船收购，浅海作业产品实行计划收购，超计划自行处理。列为二类水产品的有海带、紫菜、鱼翅、鱼肚、海参、干贝、虾米、大黄鱼、小黄鱼、带鱼、墨鱼、对虾、虾皮、鱿鱼、青鱼、鲩鱼、鲢鱼、鳙鱼、鲤鱼等。

广东省对主要水产品实行派购政策，对主要渔区下达派购任务。规定南海、顺德两县每年上调广州塘鱼计划 1.9 万吨（其中南海占 40%，顺德占 60%），汕头、湛江、海南、佛山地区（下称沿海地区）和羊城渔业公司按一定的计划数上调广州咸鱼、海味、冰鲜等水产品。郊区及内河捕捞的收购计划由广州市自行制定。

1959 年 3 月，广东省人委在广州召开全省水产工作会议，研究解决广州、江门、湛江、佛山、汕头、海口、韶关、茂名等 8 个城市的渔业生产和水产品供应问题。1961 年 2 月，省人委下达《1961 年水产品收购价格调整方案》，适当提高水产品收购价格；3 月恢复广东省水产供销公司，归省水产厅领导。

1961 年召开的全省水产工作会议，首次决定对水产品实行购留政策。规定海洋水产品国家收购七成，集体自留三成，自留部分由生产单位自行处理，可以在农贸市场出售，或换购渔需物资，也可分给渔民自食；淡水渔业产品也由统购改为派购，并实行奖售政策，每收购一担鱼奖售粮食 50 斤和木材、胶丝、桐油、青麻等，还奖售一定数量的工业品购物券和布票。1962 年再次调整海洋水产品派购政策，中、浅海作业“购六留四”，自留产品可由水产货栈代销，或议价卖给水产货栈，产销通过双方协商，签订合同，鱼物换购。各地于 1961 年成立水产货栈，开辟水产品第二条流通渠道。货栈成交实行浮动幅度价，一般比牌价高出 20％～30％。

广州水产品实行派购包销，按计划凭证（票）供应。1958 年 12 月开始对居民（包括郊区农民）实行凭票（证）定量供应水产品，各市场、店、组实行定死计划按来货比例配货销售，回收鱼票。鲜鱼供应以塘鱼为主，辅以冰鲜鱼补充，凭证定量，视货源而确定每月或每季供应。开始时采用红蓝证隔天供应一次，每人供应 0.05 元。1959 年 4 月至 1961 年底，改为凭鱼票活定量供应，每人每月发票 6 张，鱼多季节每票供应 0.15 元，鱼少季节每票供应 0.05 元。1962 年至 1963 年 5 月，改为每人每月发票 3 张，分上、中、下旬定时、定量供应，每票供应 0.07～0.14 元。

流通的路径关闭后，价格指挥棒随之失灵，供应出现问题。1960 年，全国出现经济困难，广州副食品供应紧张，为了缓和供求矛盾，放宽了派购，并允许渔农在完成上调任务后剩余的产品上集市自行销售。广州市也在 1961 年 5 月恢复行栏，合作组退回个体经营。国营水产商业实行双轨制，既继续按计划收购水产品保证凭票定量供应，又积极组织计划外鱼货开展议购议销、代购代销业务。这是广州市水产品计划的销后购销工作的第二次放宽和好转。

经过连续三年的调整，水产品购销政策较好地调动了渔民的生产积极性，促进了渔业生产发展。从 1963 年开始，收购水产品稳步回升，水产品市场又重新出现了兴旺稳定的局面。

1963 年，广州市水产品供应迅速好转，货源增多，鱼价下降，议价与牌价基本持平，同年 6 月取消鱼票，敞开供应。市场开放，刺激了生产积极性，各地调给广州市的水产品连年增加，1965 年全部水产品上市达 38 671 吨，人均消费 15.22 千克，比 1962 年增加 5.91 千克。

二、凭票买鱼重起

1965 年，受城市"四清"运动影响，鱼栏、农贸市场被作为"资本主义尾巴"割掉，议价商品来源受到限制，而牌价塘鱼计划上调广州改为 1.8 万吨，实际调入 1.66 万吨，咸鱼 1.01 万吨，海味 210 吨。到年底，水产品的议价经营基本停止，鱼栏、货栈全部撤销，国营商业一统天下，水产品货源渠道单一，广州市再度陷入"吃鱼难"的局面。"文化大革命"时期，水产品购销受"左"的影响，实行统一派购、统一销售、统一分配的计划经营。此间，广东省继续下达计划调拨水产品给广州市派购统销。海洋冰鲜鱼主要依靠南海水产公司和湛江水产公司调入。70 年代，两公司调入广州的鱼货计划年年没有完成，鱼货质量早期较好后期较差。

广州市面对水产品市场供应紧张，在 1969 年 8 月又恢复凭副食品证，按户按旬定量供应，每户 1～3 人供应 2 次，4～6 人供应 3 次，7 人以上供应 4 次，每次供应量由 0.10～0.30 元。1973 年 8 月改为每户 1～3 人供应 4 次，4～6 人供应 6 次，7 人以上供应 8 次，每次供应量由 0.20～0.50 元。1976 年以后改为凭票按每人每年供应，最好年份 1977 年为 11.56 千克。

1971 年 6 月，广东省革命委员会（简称"革委会"）召开全省水产工作会议，重新恢复派购政策，有限度地放宽了产品管理，规定浅海作业和半渔农社队的水产品，收购任务为正常年产量的五成至七成；塘鱼基地公社向国家交售鱼产品的任务，为年产量的七成五至八成五，其余由社队解决。这样有限度放宽的政策，兼顾了生产者的利益，受到欢迎，但只稳定了 5 年。并于 1972 年 4 月恢复省水产局，加强行业管理。

1976 年，在"反击右倾翻案风"中，再次取消了派购政策。当年 10 月省革委会批转省水产局关于取消海洋水产品留成政策的文件，规定海洋渔业水产品均应全部交售给国家，一律由水产站或指定的商业部门收购，不准上农贸市场（包括渔民自食鱼），也不准直接出售给消费单位或个人；对留成水产品或计划收购以外的产品，由水产站或指定的商业部门议价收购；任何集体生产单位和个人一律不准从事水产品的买卖活动，不得直接向生产队挂钩采购，不准以协作为名，以物易物。这一政策颁布之后的几年间，收购水产品数量虽有所增加，但质量却严重下降。据统计，1966 年前优质鱼占 25%，中杂鱼占 40%，下杂鱼占 35%。1977 年水产品总收购量 53 万吨，但下杂鱼占了 38.9%，还有 5 万多吨鱼货霉烂变质作肥料，符合出口和上调要求的为数不多，连供应部队、特需和大中城市的部分需要也难以保障。出现了收购量大增，市场供应奇缺的现象，产供销矛盾很突出。各地纷纷要求放宽水产品派购政策。

1976 年，国营广州市海洋渔业公司成立后，供应情况才有所好转。咸鱼、海味也是由省下达计划，从沿海各产区调入。咸鱼供应虽有一定数量，但不讲究质量；海味品来货奇缺，主要保出口商品交易会及供应外宾，市民可购量极少。

20 世纪 60 年代后期至 1975 年，塘鱼的年调拨计划数是 1.8 万吨，每年产区完成上调计划 95%左右，但上市量极不平衡，一般月头少月尾多，年头少年尾多。收购计划的不平衡，造成市场供应很不正常。到 1976 年初调整为 1.95 万吨，并从 1974 年起将年底过剩的鲮鱼放入冷库，以补充春节和一季度的供应不足。尽管采取以存补欠的措施，塘鱼供求矛盾仍然十分突出，特别是至 70 年代中后期，佛山地区的顺德、南海调入广州市的塘鱼减少，为了完成下达广州塘鱼计划数，广东省供销部门从 1978 年起改为从中山、新会两县每年各调广州 200 吨，由于两县离广州较远，过去又没有上调广州任务，调整计划不能实现，年年没有调入，使广州塘鱼供应下降至历史最低水平，供求矛盾越来越突出，名贵的河鲜杂鱼奇缺，市民买生鱼、塘虱等作为药用辅助治疗要凭医生证明。为了保证广州交易会接待的特需供应，广东省政府曾下令河鲜杂鱼暂停出口。货源短缺，导致每年大约有 10%～20%的鱼票买不到鱼，市民为了买鱼，天未亮便到鱼店排队，有的市民气愤地把不能兑现的鱼票寄到市政府去投诉。水产品供应成为广州最紧缺的凭票定量的副食品。

三、五花八门的鱼票

当年广州市水产局发放给居民的鱼票，除了鲜鱼票，还有咸鱼票、海味票、特供票等。现将这些票证的供应办法介绍如下：

咸鱼类凭票供应办法：1959 年开始凭票证供应，只限供应居民，每人每

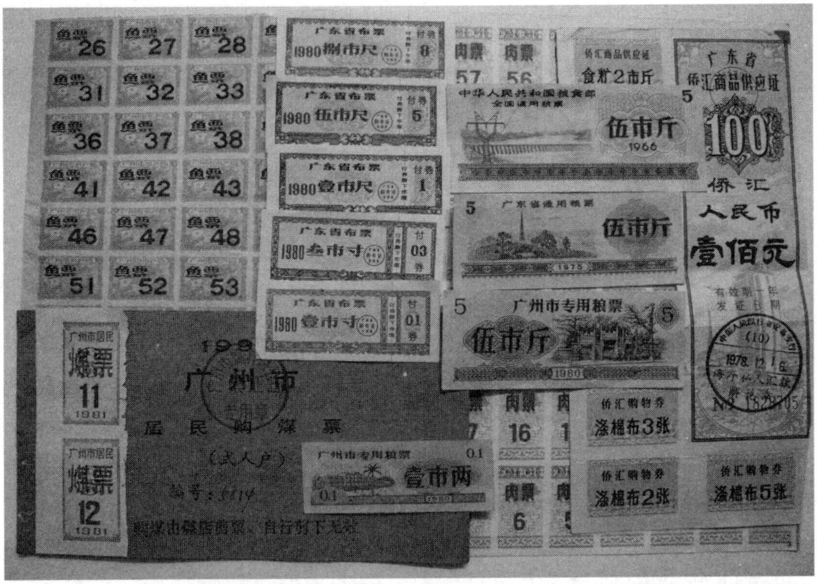

图 2-1 当年广东人使用的肉票、鱼票、粮票、布票、煤票等，还有居民粮油供应证

月发票 1 张，供应量是 250～500 克。1962 年 8 月实行按户凭副食证活定量供应，每月 1～5 人户供应 500 克，6 人户以上供应 750 克。同年 12 月又改为 1～3 人户供应 500 克，4～6 人户供应 750 克，7 人户以上供应 1 000 克。1971 年 4 月取消凭证敞开供应。到 1973 年 9 月又实行凭副食品供应证内部掌握适量供应。1974 年 3 月正式恢复凭证定量供应，每户每月供应 500 克，5 月又改为按人数多少而定。1975 年 10 月起改为内部掌握适当限量敞开供应。

海味类凭票供应办法：从 1968 年开始，由于资源短缺，居民平时无供应，只在元旦、春节、国庆节三大节日才凭证每户供应 0.30～0.50 元。1975 年改为凭证按人供应，每人供应 0.15 元，价高品种则加倍供应。到 1980 年只保证春节供应，实行每人每次免票供应 250 克。

机关团体、部队等特需供应：机关团体、部队等的定量供应从 1969 年 8 月开始，机关团体饭堂用餐人员按购粮数量供应；幼托儿童、内河、出海船员按旬按人定量固定市场对口供应，每人每月 0.10～0.20 元。后改为按居民定量办法供应，其中入托儿童及出海船员比居民供应量增加一倍，对临时和流动人口则每人每旬供应 0.01～0.05 元。1973 年 8 月又改为每人每月供应0.10～0.20 元。对幼儿园、医院，作为特需供应。对部队，每季由部队报计划，经水产公司核定后开列供应通知单定点供应。对省市会议和特需供应则按照对象视来货情况确定，并开列供应通知单到规定的市场购买。

此外，还有每年两届出口商品交易会的接待列为专项供应。

当时，凭票供应被戏称为“周身症（证）”，老百姓上街买东西的票证多达46种，买鱼要票，香烟要票，肥皂也要票，甚至火柴也要票。“四季如春没菜吃，鱼米之乡没鱼吃”是老百姓生活的真实写照。连省委机关报《南方日报》的头版、二版经常报道的重要话题也是“解决‘吃菜难’问题”“活鱼上市”等。当时就流传有这样的民谣：

中华大地无“中华”，“牡丹”四季不开花；
“前门”香烟后门卖，“凤凰”何时到我家。[①]

四、有票买不到鱼

广州市地处“鱼米之乡”的珠江三角洲。1957年前，水产品敞开供应，质量好，品种多，购买十分方便。但从1958年以后，水产品市场先后两次被统死、管死，出现了长期“吃鱼难”的局面。第一次在“大跃进”时期，“浮夸风”“高指标”给水产生产和供应造成极大的破坏，价格管死，渠道减少，连续几年供应紧张。1961年后，随着国民经济的调整，水产品实行购留政策，开放了农贸市场，水产品市场活了起来，到1965年恢复敞开供应。可惜，从“文化大革命”开始，水产品市场再次强化管理，购留政策被否定了，农贸市场和水产货栈被冲垮了，实行单一渠道、单一价格，市场萧条，使广州市在人口不断增加，来往客人频繁的情况下，连续十多年水产品供应十分困难。主要表现在：

图2-2　1978年广州市水产局发给居民的鱼票

市场只有牌价定量的水产品供应，质量差、品种少。塘鱼从年上市

① 注：“中华”“牡丹”“前门”为当时的名牌香烟，“凤凰”则为自行车名牌。

量40万担下降到30万担，冰鲜鱼"烂鱼充数"、名贵河鲜杂鱼绝迹，水产品"市场"实际已不成市场。

为买到鱼，群众天未亮就要到市场去排队，但开市一两个小时就卖光。群众想多吃点鱼，或想买些乌鱼、甲鱼作滋补品，港澳同胞回来想买条鱼请亲友吃饭，有钱也难买到。

一年两届的出口商品交易会和平时宾馆、酒楼接待内外客人，需要的优质水产品供应问题也很难解决，即使省、市下令也调不上来，停止外贸出口也解决不了问题。

因为价格统死，鲜活差价只有两分钱，优质没有优价，多劳不能多得，活鱼变死鱼。所以，广州市卖活塘鱼的传统经营特色消失了。

广东产鱼，广东人更喜欢吃鱼，可市民们每人每月只有5角钱的鱼票，还不能保证供应。每天凌晨3点钟，黑黝黝的寒风中，市民们揣着鱼票、油票、糖票等花花绿绿的票证，开始排队等待抢购。副食店七点半钟才开门营业，买鱼的队伍长长的，人比鱼还多。

广州人最爱吃鱼虾蟹，在20世纪80年代之前，要买一斤几两的塘鱼，往往要骑自行车跑到附近南海县的农贸市场去（因为当时广州取消了农贸市场），即使是活鱼，拿到家里也变成死鱼了。

1972年进入广州市水产供销公司，后任广州市水产食品商业企业集团副总经理的郭积明，在水产这一行已干了整整30多个年头。在2004年回忆起当年买鱼凭票供应时说，老百姓一人每个月只有2角钱的鱼票，按一斤鱼四五角钱算，一个月下来还不够买半斤鱼，所以除了家里人口多的能攒些票买条整鱼，绝大多数市民上鱼档买鱼都是切开来买。那时即便再有钱，到市场也买不到鱼。一般塘鱼都很难买到，要想买到鱿鱼海鲜就更难了。"买鱿鱼干要用特殊的海味票，每年就春节发一次，只有5角钱，一两都买不到。"更离谱的是，凭票买来的鱼还大半都是死鱼。

为什么会这样呢？郭积明说，其实从外地运回来的鱼都是活蹦乱跳的，问题是出在上岸以后。当时广州有东堤和海珠两个水产码头，早上两三点钟时，这里已经熙熙攘攘了，全市几百个零售市场的摊档主聚在这里拿货。鱼贩用鱼捞往船里一捞，一过秤，装进鱼篓往三轮车上一甩就拉走了。鱼在鱼篓里干折腾几个钟头，到了档口又没有鱼池，早上出售时大多都半死不活了。

流通不畅，价格畸形，不仅影响了居民消费，中间的供销企业入不敷出，积极性下降。"其实市民吃鱼难，供销公司亏得更大！"当时就在公司供销部工作的郭积明说，说是搞收购，实际就是计划调拨。比如省政府计划顺德县一年要供给广州多少塘鱼，顺德县又下指标到每个镇，我们就到下面去联系。“价格全省统一”，他翻出一本当年的“水产购销价格表”，上面写着3斤重以上的上等鲩鱼外地的收购价是一斤5角5分，而在广州的批发价才6角3分。“8分钱的差价根本就不够中间的运费、人工费和死鱼损耗等，所以政府每年不得不为此要贴上几百万元。”

第三章

调整：试图解决“吃鱼难”

20 世纪 70 年代初期，大部分地区的社会秩序趋于稳定，国民经济由停滞、下降转向回升，工农业产品产量均有所增长，水产业也开始恢复发展和整顿回升。

解决“吃鱼难”问题，从中央到地方都做了大量工作，如恢复和建设渔业基础设施，恢复组建水产机构和相关企业，发展养殖生产，放松分配管制等。由于未能从根本上理顺生产购销体制机制，没有触动深层次生产关系，“吃鱼难”的问题虽有所缓解，但仍没有得到彻底解决。

图 3-1　当年水产供销公司以经营海洋捕捞产品为主

一、恢复水产机构

1956年5月设立的中华人民共和国水产部在“文化大革命”期间停滞。1969年5月，水产部只留下40人主持有限的一部分工作，省以下的水产机构撤的撤、并的并，业务工作一度停顿[①]。1970年5月，国务院决定成立中华人民共和国农林部，下设水产组；1971年4月在水产组的基础上成立水产局，逐步恢复水产工作。“四人帮”被粉碎后，中国获得了有利的发展契机，1977年3月12日，经国务院批准，农林部在北京召开全国林业、水产工作会议。副部长肖鹏主持了会议，并作了题为《把渔业生产推向一个新的发展阶段》的报告。国务院副总理李先念等接见了全体会议代表，并作了重要讲话。要求各级政府支持水产业发展，转变对渔业“思想上没有位置，组织上没有班子，计划上没有盘子，物资供应上没有路子”的状况。这是“文化大革命”以来首次召开的高规格的全国水产工作会议，确定了大力发展水产养殖的生产方针。

图3-2 当年供应广州市民的淡水鱼中，鲩鱼就是优质鱼

1978年3月16日，国务院发出关于设立国家林业、水产、农垦三个总局，直属国务院，由农林部代管的通知。通知决定国家水产总局局长由农林部副部长肖鹏兼任。5月22日，国务院办公室发出通知，为了加强对水产品生产和供应工作的统一领导，经国务院批准，国家水产总局改由国务院财贸小组代管。9月23日，国务院批转国家水产总局《关于恢复中国水产供销总公司，加强水产品管理的请示报告》。

广东省的水产机构也基本遵循了中央部门的调整路径。1972年4

① 《当代中国》丛书编辑部．当代中国的水产业［M］．北京：当代中国出版社，1991：64．

月 24 日，广东省恢复了水产行政机构——广东省水产局革命委员会，隶属省农林水战线革命委员会领导。这个机构的前身是 1954 成立的广东省政府水产管理局，1956 年改称广东省水产厅，10 年后因受“文化大革命”影响，省水产行政管理工作处于停滞状态，1968 年 11 月省水产厅被撤销，同时也撤销了省水产供销公司，并入省副食品公司，设立水产组。

1973 年 11 月，广东省革命委员会发出《关于实行水产行业产供销交由水产行政主管部门统一管理的通知》，要求各级商业部门和水产部门在 12 月底前完成交接工作任务。不久，水产供销工作从省副食品公司分出，重新成立省水产供销公司，归省水产局领导，从省到基层实行产、供、销一条龙。1974 年 4 月起，恢复财务体制。至 1978 年底，全省水产供销机构共有1 356个，干部职工 19 510 人，其中县级公司以上单位 85 个，水产站 173 个，收购组、批发部、零售店等 1.2 万个，全省拥有运输汽车 316 辆，运输船 190 艘，总载重量 23 510 吨。

1978 年 1 月 17—23 日，广东省革命委员会在广州召开全省水产工作会议，对渔业生产存在的问题和如何改善广州等大中城市鲜鱼供应等问题进行研究。12 月 6 日，省革命委员会决定省水产局隶属省财贸办公室管理，各级水产部门也统一归口财贸系统管理。

广州市的水产、猪肉等副食品的供应，主要依靠省内调拨和外省调拨。1974 年 4 月，省里给了广州市一个新政策，即省里调给广州市的猪肉、鱼肉等副食品计划指标不变，广州市可以自己搞生产用以改善市场供应。为此，1974 年 8 月，广州市恢复水产局，与市第二商业局合署办公。①

1975 年 5 月，广州市水产局从第二商业局分出，与广州市水产供销公司合署办公，实行一套人员、两个牌子，按局级单位配备干部和进行管理，正式与广州市第二商业局分开，归口广州市财贸办公室领导。水产局担负着广州市区的水产品市场供应，承担着区县渔业生产业务技术指导和发展海洋渔业生产的任务，目的是发展水产、改善广州水产市场的供应。

---

① 广州市水产局的历史，可追溯到 1959 年三年经济困难时期。1959 年 4 月 6 日，广州市人民委员会发布了《1959 年肉类供应修订办法和鲜鱼供应修订办法》，规定全市居民一律实行凭票购买猪、牛、羊肉和鲜鱼。7 月成立广州市水产局，负责鲜鱼供应。但 1962 年 4 月，广州市精简机构，水产局归入第二商业局。1963 年 2 月，恢复水产局，但与第二商业局合署办公。

二、建设渔业公司

为解决广州市冰鲜鱼的供求矛盾，1972 年 10 月 23 日，广州市革委会根据《省水产生产汇报纪要》和当时省委领导的指示，成立广州市海洋捕捞筹建小组，重新筹建广州市海洋渔业基地，由广州市水产公司属下的基地筹建办公室负责具体筹建工作。1974 年选定官洲岛正式筹建广州市海洋渔业基地，开始广州市海洋基地建设工作。广州市海洋渔业基地占地面积 66 万平方米，岸线 1 800 米。在建设海洋渔业基地的同时，筹集资金建造渔轮，1973 年 1 月 21 日，第一艘渔轮“穗渔 11 轮”投入生产；当年有渔轮 4 艘，1 008 总吨，2 400马力，当年产量 5 000 担，补充了市场供应。

南海有丰富的水产资源。但在中华人民共和国成立前，新式机轮渔业毫无基础。抗日战争胜利后，国民党政府渔业善后物资管理处广东分处仅有几艘机动渔轮在海南岛和北部湾一带渔场作业。解放前夕，这些渔轮被劫往香港、台湾。因此，直至中华人民共和国成立初期，广东的机轮渔业还是一个空白点。

图 3－3　渔业公司实行机械化捕鱼

为了开发南海水产资源和试办新式机轮渔业生产，广东省水产企业公司于1953 年成立渔捞部。在此基础上，1954 年 5 月在广州市内海珠桥畔成立了国营南海水产公司。当时仅有 4 艘小马力木质渔轮，职工 573 人，固定资产 147 万元。1956 年搬迁至广州市郊区新洲镇，1957 年公司木质和铁质生产渔轮增至 32 艘，拥有制冰厂两间，以及渔轮修造厂、网具场等基层单位和其他附属设施，职工增加到 1 403 人，固定资产 1 300 万元，已具备了一定的生产能力，对解决广州冰鲜鱼供应，发挥了重要作用。

1958 年 12 月，根据省委决定，省属南海水产公司由广州搬迁到海南岛儋县白马井。南海水产公司迁出广州后，广州市冰鲜鱼货随之供不应求，副食品需求矛盾日益紧张。为此，省委、市委于 1959 年 9 月决定发展广州市国营海洋捕捞渔业，组建广州市羊城渔业公司。利用南海水产公司撤走后留在新洲的一些设施，并在新洲滨江侧建造修船码头，加快配套建设。至 1961 年末，已发展到拥有 10 艘渔轮和相应的卸鱼、补给码头及制冰冷藏、加工、修船等设施，该公司的成立缓解了广州市的水产品供求矛盾，生产的冰鲜鱼产品也深受市民欢迎。

在国民经济调整时期，省委于 1962 年 5 月决定撤销广州市羊城渔业公司，将其人员、渔轮和全部设施交给省和南海水产公司。此后，省委安排南海水产公司和湛江海洋渔业公司负责广州市的冰鲜鱼供应。由于产销两地相距较远，运输及冷藏设备落后，加上途损严重，造成鱼货成本高、质量低，上调计划年年不能完成，导致广州市再次陷入冰鲜鱼货供求紧张的局面。

1954—1973 年，广东先后建立了南海、湛江、广州和汕头四个国营海洋渔业公司。这四个公司既是渔工商、内外贸、产供销一条龙的经济实体，又是一个大型综合性的国营企业，实行统一经营、统一核算，设有海洋捕捞、制冰冷藏、产品保鲜和加工、船舶修理、网具制造等基层单位，还设有辅助船队、汽车队、文教卫生、生活福利等附属机构，在公司范围内实行统负盈亏。国营捕捞企业的建立，在开发南海水产资源、培养技术骨干、发挥现代化机动渔轮在整个海洋捕捞生产的示范作用，维护祖国领海权益，巩固海上边防，以及解决大中城市、部队的水产品供应等方面，起着十分重要的作用。

至 1980 年，广州海洋渔业公司得到国家、省、市共同投资 1 836.48 万元。经过十年建设，基地初具规模，至 1981 年末，基地建筑面积已达 33 673 平方米，先后投产的 300 吨级渔轮 25 艘，渔业辅助船 4 艘，建成码头 206 米及护岸 600 米，车渡船码头两个，航修车间两间，日制冰能力 120 吨、4 200 平方米的冷库制冰厂一间，1 000 吨船排一座以及绳网厂、仓库、卸鱼场、宿舍、办公楼等后勤配套设施。固定资产原值 3 683 万元、净值 3 382 万元。职工人数由 1973 年的 153 人增至 1 403 人。当年生产水产品 8 643 吨，销售的产品占广州市海水鱼总供应量的 70%。

专栏

广州市海洋渔业公司的捕捞生产渔场，是在南海北部架陆区（包括北部湾）200 米等深线以浅的水域。长期以来，没有严格和有效地控制渔业生产船只的发展及网具规格和作业方式，以致渔业资源的生态平衡受到破坏，出现鱼类种间优势的更替：高链级的肉食性鱼类数量的减少，导致低链级以浮游生物为食的蓝圆鲹（俗称“池鱼”）资源数量迅速增长。广州市海洋渔业公司分析 1975 年的拖网渔获物，北部湾优质鱼为 26.77%，低值鱼为 73.23%；海南岛以东优质鱼为 14.89%，低值鱼为 85.11%；“渔获物”（水产品）质量明显下降。

图 3-4　广州远洋渔业公司于 2011 年 10 月 8 日与广州南方造船厂举行“穗远渔 29”号钢质金枪鱼延绳钓船的新船交接仪式，准备出海

三、发展城郊养鱼

20 世纪 70 年代初，水产品供应日趋紧张，调鱼成本高、损耗大，国家补贴压力很重。而在很多城市都有一些可供养鱼的水面或荒地。为了缓解大中城

市"吃鱼难"问题，有关部门提出，发展城郊养鱼是最有效的途径。这样，就可以把解决"吃鱼难"的任务分解到各城市。

1973 年 10 月 9 日，农林部在湖南省衡阳市召开第一次全国城郊养鱼现场经验交流会。会议认为，要改善城市水产品供应，需要自力更生，依靠群众，积极发展城郊渔业生产；必须迅速改变城市吃不到鱼而城郊大片水面荒芜的这种不正常状况。会议分别介绍衡阳、武汉两市抓渔业发展的经验。两市把渔业生产列入党委的议事日程，党委有分工，层层有人抓。市委书记还亲自蹲点，以点带面，加强渔业生产的领导，建立渔业生产的专业队伍，城郊渔业正在迅速发展壮大。衡阳市郊区认真贯彻执行毛主席关于"以粮为纲，全面发展""发展经济，保障供给"的方针，渔业生产连续十年稳步上升，1972 年养鱼水面 9 500 亩，平均亩产 405 斤。与 1963 年前比，养鱼水面扩大 1.36 倍，总产量增加 2.1 倍。全市人均每年可吃鲜鱼 5 千克左右。会议期间，国家计划委员会根据当时养鱼收益较少、鱼价偏低等情况，发出提高淡水鱼收购价格的通知，不同品种提价 9.5%～13.5%。

图 3-5　肇庆星湖，当年是全国闻名的城郊养鱼基地

过了不到一年，农林部在江苏省南京市召开了全国第二次城郊养鱼现场经验交流会，有 28 个省、市、自治区以及 67 个大中城市的代表共 200 余人参加会议。会议从 1974 年 9 月 21 日开到 29 日，代表们参观了现场，交流了经验，研讨了进一步发展城郊养鱼的规划和措施。现场参观的南京市城郊 8 个养鱼典型单位，这些单位认真贯彻"以粮为纲，全面发展"的方针，自力更生，依靠社队，大干苦干。一个冬春，先后发动群众 100 多万人次，投入改造荒湖、荒滩，建设鱼塘的群众运动。三个多月的时间建成鱼塘 3 800 亩，

及时放养鱼种，长势良好，有的已捕捞上市。南京市委决定苦干三四年，再挖精养鱼塘 4 万亩，并把可利用的水面都利用起来。这一生动事例和发展计划让与会代表触动很大，纷纷表示要向南京学习，让全国城郊养鱼来一个飞跃。

会议肯定：自 1973 年衡阳会议以来，全国各地依靠社队集体力量，城郊养鱼取得了可喜的成绩，先进典型不断涌现。南京、北京、武汉、南昌、合肥以及苏州、长沙、沙市等城市，决心大、行动快、狠抓水面利用，大搞稳产高产鱼塘建设，效果显著。边远地区的乌鲁木齐、哈尔滨和西安等城市，也开始重视养鱼业。据不完全统计，这 67 个城市一年来共改造、建设稳产高产鱼塘约 10 万亩，其中当年受益的有 4.8 万亩，预计可产鱼 400 万千克，这些举措对于改善市场供应、增加社队收入起了一定的作用，增强了各地区发展城郊养鱼生产的信心。农林部会后印发《会谈纪要》指出：国务院领导同志李先念对发展城郊养鱼十分重视，指示凡是有水面的都可以养鱼。鱼也是人民生活必需的商品，也应当抓好。

图 3－6　珠江三角洲的连片池塘，是当年全国最大面积的城郊养鱼基地，使佛山成为全国吃鱼较多的城市

1975 年 10 月 18—24 日，农林部在江西省南昌市召开第三次全国城郊养鱼现场会议，会议规模扩大到 89 个城市有关方面的负责人，共 315 人参加。会议总结交流了经验，研究了今后发展城郊养鱼的主要措施和要求。会议指出，发展城郊养鱼，建设城郊商品鱼基地，自力更生改善城市人民吃鱼的问题，已引起许多城市党委的重视。据统计，136 个城市共有水面 560 万亩，已建设高产鱼塘 22 万亩，其中 1974 年冬以来建设的有 12 万亩。1974 年，已经养鱼的水面达 335 万亩，产鱼 15 万多吨。当时的广东省佛山市郊区养鱼产量，按全市人口平均每人已有 27 斤，排在全国首位。特别是一年无霜期只有 4 个月的哈尔滨、佳木斯、齐齐哈尔等东北城市，也在积极地发展城郊养鱼。当年 3 月 2 日，农林部、财政部、商业部联合发出《关于养鱼饲料粮和鱼池建设补助费的规定》，促进发展城郊养鱼，形势越来越好。

当年的广州市，也在全国城郊养鱼现场会议的推动下，积极发展城郊养鱼，建设商品鱼基地。广州市最大的水库——流溪河水库，正常水位面积有 2 万亩，水库养鱼由广州市国营流溪河林场经营，场内设有水产队，队下有鱼苗组、捕鱼组、网具加工组，分工负责鱼苗人工孵化、鱼苗培育、投放种苗、成鱼起水、网具加工和船艇维修等工作。1974—1975 年，广州市向流溪河林场投资 20 万元，完善水库养鱼配套设施，使年产鱼量达到 15 000～25 000 千克，成为商品鱼基地。

1975 年 1 月 1 日，广东省将番禺、增城、龙门、新丰四县划归广州市管辖，改变了广州郊县太少（原只有花县、从化）的情况，使广州市的鱼塘面积从 19 156 亩增加到 47 934 亩，为发展城郊养鱼提供了平台。3 月 26—27 日，省、市委召开广州市郊县（区）委书记会议，讨论如何加快市郊农业发展速度，搞好副食品生产，进一步改善广州市场供应问题。会议决定，争取三年内提高副食品自给率，逐步解决广州市主要副食品基本自给。并酝酿在郊县建设塘鱼商品基地。番禺县石楼公社为“抗咸储淡”建成的海鸥、黄坭沥大塘，水面积共 3 000 亩，能排灌，能储淡水食用，也能养鱼发展经济，公社成立养鱼专业队伍，闸内设置防逃网，每年标粗（精工培育）大规格鱼种放养。1976 年，黄坭沥成为广州市商品鱼基地，投放 10 万尾大规格鳙、鲢、鲩鱼种进行养殖，年总产量为 45 万千克。

1976 年初，广州市郊区二沙鱼苗场开展市科委流水养鱼高产试验项目，在 4 个面积 12.6 平方米、平均水深 1.4 米的圆形水泥池，和 1 口面积 5 亩、水深 1.7 米的鱼塘中试验，配套 1 个蓄水池、1 座水塔、3 台抽水机械。1976

年8月至1977年11月，先后进行4次试验，主要养殖罗非鱼，混养少量鲩鱼和鲫鱼。用麦皮、玉糠、鱼粉、蔗糠混合做成浮性颗粒饲料投喂。经111天的养殖，大鱼塘共收获成鱼4 585.6千克，平均亩产917.1千克。这为发展商品鱼生产提供了技术途径，但生产成本较池塘养鱼高，养殖的鱼按当时的政策只能牌价收购，生产亏本，没有形成大规模生产。

1976年8月7—12日，广州市革委会召开广州地区水产工作会议。传达学习中央、省城郊养鱼会议精神，总结1975年广州地区的水产工作，研究今后发展水产的任务和措施。

图3-7　广州市从1975年开始建设塘鱼商品基地

1976年9月6日，农林部在黑龙江省佳木斯市召开第四次全国城郊养鱼现场经验交流会，9日因毛泽东主席逝世而提前结束。

1977年9月14—20日，农林部水产局在湖南省沅江县召开全国重点省、自治区社队渔场现场会议。10月29日，农林部批转《全国重点省区社队渔场现场会议纪要》强调：大力发展社队渔场是依靠几亿人民养鱼的重要途径，它对于供应城市、工矿区人民生活需要等方面具有重要的意义。希望各地切实加强对渔业的领导，抓紧抓好发展社队渔场工作。

为解决大城市及工矿区鱼货供应，农林部水产局11月在北京召开江苏、湖南、河北水产局及三省有关县座谈会。会议讨论决定，先在吴县、沅江、安新等县试建淡水商品鱼基地。

12 月 11—21 日，农林部召开第五次全国城郊养鱼现场会。参加会议的有 28 个省、市、自治区农办、财办、水产主管部门以及近 100 个城市市委、市革委的负责同志等，共 400 多人。会议于 12 月 11 日首先在安徽省合肥市开始，在总结交流 5 年来城郊养鱼发展的成绩和经验的基础上，着重研究了加速发展城郊渔业的奋斗目标和主要措施。根据统计，135 个大中城市城郊养鱼面积逐年扩大，水产品产量逐年增加，城市淡水鱼自给水平逐年提高。这 135 个城市，1977 年养鱼面积已达 346 万亩，占全国淡水养殖面积的 7%，其中 1973 年以来改造、新建稳产高产鱼塘 40 万亩，相当于 1973 年以前全国稳产高产鱼塘面积总和的三分之一；1976 年的水产品产量达到 125 000 吨，占全国淡水鱼总产量的 12%，其中稳产高产鱼塘产量 39 000 吨，1977 年可达 45 000 吨，比 1976 年增长 15.4%，平均亩产 233 斤。仅广东、江苏、湖北、湖南四省的一些城市，就有 77 000 亩鱼塘超过 500 斤，北京市有 1 800 多亩超过 300 斤，黑龙江省 5 个市有 3 900 亩超过 200 斤。当时统计淡水鱼自给水平，最高的佛山市为人均供应淡水鱼 26.8 斤，其次，肇庆市 11 斤，衡阳市 10 斤，无锡市 9 斤，武汉、沙市、南宁、杭州、惠州、韶关、常德等市也达到 4 斤以上（淡水鱼自给水平最高的这 11 个城市，广东占 4 个）。武汉市，1977 年供应活鱼 600 万斤，比 1976 年增加 24%。合肥市在 1973 年以前，近郊的收购仅 1 万斤，1977 年可达 45 万斤，并开始了活鱼供应。

会议提出今后三年的奋斗目标：（1）在充分利用现有水面的基础上，全国城郊稳产高产鱼塘面积翻一番，达到 80 万亩；（2）全国城郊淡水鱼总产量达到 20 万吨；（3）现有稳产高产鱼塘的单产要求黄河以北 200 斤/亩，黄河以南、淮河以北 300 斤/亩，淮河以南为 500 斤/亩；（4）城郊水产品收购率达到 70%以上；（5）城市吃鱼基本自给的标准为每一城市人口平均供应淡水鱼 12 斤。

1978 年 1 月 10 日，农林部发出《关于办好以养鱼为主的副食品生产基地的通知》。26 日农林部、全国供销合作总社发出《关于扶助淡水商品鱼生产基地专用化肥的通知》。6 月 15—22 日，刚成立的国家水产总局，在湖南省湘阴县召开全国淡水国营渔场现场经验交流会。会议要求全面学习、推广东湖渔场的经验，狠抓渔场整顿，提高经营管理水平，扭亏增盈，把国营渔场的生产高速度搞上去，把国营渔场办成以渔为主的副食品生产基地，向社会提供更多的商品鱼，发挥示范作用。

图 3-8　珠江三角洲“桑基鱼塘”的农村景色

四、提高收购价格

“文化大革命”期间，物价工作受到严重干扰。1968 年 10 月，根据中央发出的全面冻结物价的通知，冻结了水产品和渔需物资价格。

1973 年物价解冻。7 月 24 日国务院批转国家计委《关于 1973 年调整物价计划的报告》，决定适当提高大豆、苎麻、柞蚕茧、棉短绒、生漆、棕皮、淡水鱼、山羊板皮等产品和部分地区的耕畜、活羊、黄麻以及一部分茶叶、晒烟、绵羊皮的收购价格，提价幅度为 10%、20%，个别产品提价 30%。国家计委于 10 月 11 日发出《关于提高淡水鱼收购价格的通知》。随后广东省物价领导小组发出通知，调高优质水产品价格，降低池、泽鱼（蓝圆鲹、金色小沙丁鱼）价格，调整后的海洋水产品价格指数为 142。在池、泽鱼产量较多的地区，渔民收入受到较大影响。1974 年，广东省对渔需物资价格进行了一次较为全面的整顿。这次整顿是在全省基本实现渔船机动化、物资种类繁多、货源渠道复杂、物资价格比较混乱的情况下进行的。通过整顿，对不同的品种制定了不同的作价原则。

“文化大革命”期间，渔业成本直线上升，沿海社队经济入不敷出，靠“吃船板”过日子，集体经济资不抵债，濒于瓦解。据广东省调查，海丰县汕尾公社红卫渔业大队，1965—1974 年，平均每担鱼成本为 12.73 元，而平均交售价格 14.05 元。淡水渔业主产区佛山地区塘鱼的收益也低于甘蔗、桑茧等作物，塘鱼劳动日值不超过 1 元。顺德县 1977 年平均每担塘鱼成本 36 元，而平均交售价仅 36.4 元，利润低微，致使该县塘鱼产量多年徘徊不前。

1979 年 3 月 22 日，国家水产总局、国家物价总局发出《关于提高水产品收购价格的通知》。根据通知要求，广东于 4 月全面调整了水产品收购价格。这次调价，是贯彻按质论价和资源保护政策相结合进行的。调价原则：优质鱼价多提，一般鱼少提；鲜鱼价多提，咸鱼少提；大鱼多提，小鱼少提，有的还降价。根据上述原则调价后，全省水产品价格总体上提价幅度为 25.39%。其中：海洋水产品调高 23.26%，塘鱼调高 30.08%。这是中华人民共和国成立后第二次全面、大幅度地调高水产品收购价格。调整结果，总指数比 1957 年上升 84.6%。其中海洋水产品指数上升 88，塘鱼指数上升 68.5，海珍（味）品指数上升 224.5，海藻类指数上升 114.2。

水产品收购价格调高后，起初一段时间，销售价格没有相应调高，国家采取了补贴政策，从 1979 年 4—10 月，共补贴 1 500 万元。从同年 11 月 1 日起调高水产品销售价格，与猪、牛、蛋、禽等 8 种副食品一起调整。副食品提价后对固定工资的职工产生影响，每人每月由国家补贴 5 元。

五、调整购销政策

水产品的统派购政策，规定渔业社队除社员自食外全部卖给国家，而且只能由国营水产商业独家经营，完全排斥了价值规律和市场机制，统得过死、环节过多，购销价格倒挂，加重了国家补贴负担，生产者和消费者均有诸多不满。为了解决上述问题，各地进行了一些探索。

1971 年 6 月，广东省革命委员会召开全省水产工作会议，重新恢复派购政策。会议要求：“深、中海作业水产品，除留少量给社员自食外，均应交售给国家。中海作业生产条件较差者，可由地区确定酌情减售，但不应少于正常产量的八成。浅海作业和半渔农社队的水产品，收购任务为正常年产量的五成至七成，具体任务由各地、县按照国家供应粮食数量和鱼产量高低等不同情况作出决定。海水养殖的产品，属国家供应口粮的社队，除留少量社员自食外，均交售给国家。不由国家供给口粮的社队，实行计划收购，收购任务为正常年产量的六成至七成。贵重产品如珍珠、海马等，全部交售给国家。国家经营的水库、鱼苗场的鱼产品，均交售给国家。”对淡水养殖产品也规定：“塘鱼基地公社向国家交售鱼产品的任务，为年产量的七成五至八成五，其余由社队处理。计划收购部分，每百斤鱼由国家供应饲料粮（谷）25斤，超售部分照给饲料粮。非塘鱼基地和江河捕捞产品的收购，由各地自行规定。”

有限度地放宽政策，兼顾了生产者的利益，受到渔民群众的欢迎。但此状况只稳定了5年左右。1976年在批判“右倾翻案风”中，再次取消了派购政策。1976年10月，广东省革命委员会批转省水产局关于取消海洋水产品留成政策的文件称：“海洋渔业实行水产品留成并允许自由处理，不利于巩固、壮大集体经济，不利于国家收购计划的完成，为资本主义开了方便之门。”并要求加强水产品市场管理，对投机倒把者要依法严肃处理。这一政策颁布之后，收购水产品数量虽有所增加，但质量却严重下降，符合出口和上调要求的为数不多，连供应部队、特需和大中城市的部分需要也难以保障，产供销矛盾很突出。各地纷纷要求放宽水产品派购政策。1978年冬，汕头地区首先放宽了派购政策，其后惠阳、湛江地区乃至全省各地纷纷自行调整派购政策。

第四章

搞活：放开水产品市场

1977年7月16—21日，中国共产党召开十届三中全会，一致通过《关于恢复邓小平同志职务的决议》。8月12—18日，中国共产党第十一次全国代表大会召开，宣告历时十年的“文化大革命”结束，重申在20世纪内把我国建设成为社会主义现代化强国的根本任务。12月5日，国务院发出了《关于召开全国城乡商业学大庆学大寨会议的通知》。通知指出：“社会主义的商品生产和商品流通，同资本主义的商品流通，有本质的差别。我国现在的商品生产不是多了，而是少了。在全民所有制和集体所有制同时存在的条件下，社会主义商品生产要大发展。只有这样，才能壮大社会主义的经济力量，才能排除城乡资本主义的活动，才能加强无产阶级的物质基础。我们要理直气壮地促进社会主义生产，发展社会主义商品流通。”国务院的通知尽管带有一定的时代局限性，但它提出了要发展社会主义商品经济，这对于解放思想、拨乱反正，很有意义。

党的十一届三中全会后，随着改革开放的大幕徐徐开启，开放搞活的政策逐步贯彻落实，水产品流通体制发生了历史性的转变，焕发了新的生机和活力。

一、发展商品经济前哨战

1978年1月24日，《广州日报》发表广州市委宣传部理论教育处处长卓炯①

① 卓炯（1908—1987）：1939年加入中国共产党。1941—1946年在中山大学任教，受著名经济学家王亚南启发钻研《资本论》。1946年，卓炯被国民党列入黑名单，党组织通知他转移到香港，后侨居泰国曼谷，任南洋中学校长兼中共支部书记。1948年9月回国，在云南参加地下党组织的人民武装斗争。中华人民共和国成立后调中共中央华南分局政策研究室工作，1953年任华南分局宣传部学习室副主任，后任广州市委宣传部理论教育处处长。当时经济学界有个流行的说法，“北有孙冶方，南有卓炯。”

的文章《坚持社会主义的商品制度》。文中提出：以公有制为基础的社会主义商品制度和以私有制为基础的资本主义商品制度有着本质的差别；商品经济比自然经济优越，只有大力发展社会主义的商品经济，才能把国民经济搞上去；社会主义必须尊重价值规律。

图 4－1　经济学家卓炯 70 周岁再度出山

卓炯曾于 1961 年冬率先提出社会主义商品经济理论，是我国第一个明确提出社会主义经济是商品经济的学者。但在 10 多年前，卓炯因为提出社会主义的价值规律学说以及计划商品经济理论，受到严厉的批判。经历了“文革”十年动乱，国民经济受到严重破坏，濒临崩溃边缘，人们痛定思痛，深刻反思，对过去奉之为“真理”的东西产生了怀疑。

卓炯关于商品生产和商品经济的理论文章发表后，《广州日报》等报刊先后发表了一系列文章，对卓炯的商品经济理论作了积极的回应。如《坚持各尽所能、按劳分配的社会主义原则》（4 月 5 日）、《自觉地掌握和利用价值规律》（5 月 8 日）等，对社会主义的经济理论进行了深入的讨论。广州经济学界的讨论，对于长期以来深受“左”倾思想影响的理论界，无疑是一股清新的春风，吹散了人们头脑中的迷雾，理顺了人们的思绪，成为日后广州改革开放的有力的思想武器。

1978 年 3 月 26 日，《人民日报》发表了《标准只有一个》的文章，提出只有实践才是检验真理的标准。马克思列宁主义毛泽东思想是真理，但不是检验真理的标准。5 月 11 日，《光明日报》发表了经中央党校副校长胡耀邦审定的《实践是检验真理的唯一标准》文章，提出检验真理的标准只能是社会实践，理论与实践相统一是马克思主义的最基本原则，一个理论是不是真理要靠社会实践来检验。当天，新华社转发了这篇文章。次日，《人民日报》《解放军报》同时转载，全国范围内掀起一场关于真理标准问题的讨论。

在广州，广大干部和知识分子就真理标准问题展开了讨论。8 月以后，真理标准问题的学习和讨论在各个部门展开。把理论放到实践中检验，有的事情很快就能看个分明。要把实践作为检验一切理论的标准，实践证明是正确的，就要坚持，实践证明是错误的，就要抛弃。

1978 年的思想解放运动，让人们发挥了创造力，大胆去尝试一些从前不敢干的事情。这一年，广州市贯彻“放开、搞活”的方针，开始了流通领域的改革。广州市经济领域的改革，是从流通领域开始的，也就是说从市场开始的，而流通领域的改革，又是先从水产价格开始的。“文革”十年动乱，市场差不多全部关闭了，改革开放的办法，就是放开水产市场，放开价格。放开市场，能不能搞活，关键在于价格，价格活了，市场就活了，价格死了，市场也就死了，这就是价值规律的作用。

光明日报

GUANG MING RIBAO

华主席给金主席的感谢电

满载朝鲜人民对中国人民的深情厚谊

华主席离平壤回国金主席到车站热烈欢送

金主席向华主席赠送礼品

实践是检验真理的唯一标准

图 4－2　光明日报发表特约评论员文章《实践是检验真理的唯一标准》

二、人民日报社论：解决吃鱼问题

1978 年 3 月设立的国家水产总局，加强对水产品生产和供应工作的统一领导，把解决“吃鱼难”作为头等大事来抓。利用归口国务院财贸小组代管的时机，国家水产总局负责人就水产供销问题答记者问，《许多城市为什么经常买不到鱼?》发表在 8 月 29 日《财贸战线》报上。

10 月 18 日，《人民日报》在头版显著位置发表社论《千方百计解决吃鱼问题》，引起了全国对解决“吃鱼难”问题的重视。

社论提出，我国海域辽阔，内陆江河湖泊星罗棋布，水产资源十分丰富；我国劳动人民又有丰富的养殖和捕捞水产品的经验。群众吃鱼，照理说是不成问题的，为什么今天竟成了一个大问题呢？

社论回顾：中华人民共和国成立以来，在毛泽东革命路线指引下，我国水产事业取得了很大成绩。但是，这些年来，由于林彪、“四人帮”反革命修正主义路线的干扰破坏，在相当长的一段时间里，渔业被忽视、削弱甚至遭到破坏。

社论指出：有的地方以“粮”挤“渔”，把好端端的鱼塘、湖泊填了种粮，结果是得不偿失。著名的洪湖，原有水面120万亩，由于修闸和围湖造田，水面只剩下60万亩，有人甚至提出要抽干湖水，全部种上粮食。有些地方盲目围海造田，把水产养殖基地和苗种基地也围掉了。这种片面地“以粮为纲”不搞多种经营的单打一作法，是很不得人心的。我们办事情、想问题都得从实际出发，因地制宜，权衡利弊，从各方面算算账。

围垦湖滩、海涂，在一些有条件的地方是可行的，但一定要在不损害水产资源的原则下，有计划有步骤地进行，而不要办那些得不偿失的事情。

图4-3　渔业丰收场景

社论提出：人类不但要吃粮食，而且要吃大量动物蛋白质，而动物蛋白质主要来源之一就是水产品。人们不是常说“鱼米之乡”吗？“鱼米”“鱼米”，密不可分。渔能促农，渔能养农。我们要为发展渔业生产大喊大叫，把发展渔业生产放在应有的位置上。

社论强调：要多产鱼，产好鱼，一项当务之急的重要工作，是要认真贯彻落实党的经济政策，充分调动广大渔工、渔民的劳动积极性。渔业生产的季节性很强，鱼汛一到，捕鱼犹如冲锋陷阵一样，要抢风头，渔工和渔民的劳动是非常辛苦的；水产品又是鲜活商品，打上鱼来能否及时运销到消费者手里，这中间牵涉到一系列经济政策问题。前些年，按劳分配、多劳多得等社会主义政策，被“四人帮”破坏了，打鱼也是打多打少一个样，干好干坏一个样，加工不加工一个样，冷冻不冷冻一个样，结果大大影响了群众争高产、夺丰收的劲头。

社论表扬上海市水产系统：总结前几年的经验教训，自 1978 年 5 月份起实行超产奖励办法，上海人民吃的鱼很快就多起来了。5 月份，上海海洋渔业公司发放超产奖金一万二千元，而国家增加的收入要多得多。对上海来说，海还是那个海，船还是那些船，人还是那些人，一加强思想政治工作，执行按劳分配政策，再加其他工作跟了上去，就有鱼吃了，市场活跃了，人民高兴了，国家和渔工的收入也增加了。这样的好事我们何乐而不为呢?

社论提出：减轻渔民负担，也是刻不容缓的事情。必须坚决制止渔区一些社、队干部任意侵占渔业社、队和渔民的利益，甚至平调社、队的资金、鱼货和劳力，严重挫伤渔民积极性的做法。其他如收购水产品贯彻执行优质优价、按质论价的政策，渔需物资的供应政策等等，也需要认真探讨和尽快解决。

社论指出：前些年，林彪、“四人帮”大批所谓“条条专政”，水产系统的国营生产、供销企业层层下放，再加上工作中的缺点，造成了生产指挥、产品调拨失灵，层层卡鱼，影响国家上调计划的完成。我们要从指导思想上、体制上、渔政和经营管理上来一番大的整顿。水产是个综合性强又比较复杂的行业，海洋渔业属工业，又不同于一般工业；海、淡水

图 4-4　人民期盼水产品市场迅速兴旺起来

养殖业基本上是农业，又不同于一般农业；水产资源的保护又跟工业和其他行业密切相关，因此，在水产生产上，迫切需要从上到下加强党的领导，真正做到思想上有位置，组织上有班子，计划上有盘子，渔需物资的供应有路子。我们相信，在党委加强领导和广大水产战线同志们的努力下，用不了多长的时间，一定可以使我国的水产事业有一个大的发展。

在结束十年混乱局面之后，人民日报的这篇社论，客观清醒地提出了对渔业发展的判断，充分反思了过去渔业发展的错误做法，包括忽视渔业、开发不足、破坏水产资源的问题等，明确了发展渔业生产要放在应有的位置上，把认真贯彻落实党的经济政策，充分调动广大渔工、渔民的劳动积极性作为一项当务之急的重要工作。社论进一步肯定了分配对于调动生产积极性的重要作用，呼吁从指导思想上、体制上、渔政和经营管理上来一番大的整顿，充分营造渔业要发展、政策要调整、机制要放活的舆论氛围，为出台渔业改革、发展、开放、搞活的政策奠定了思想基础。

三、广州酝酿放活鱼市场

《人民日报》发表《千方百计解决吃鱼问题》社论后，让人们看到党中央对人民群众生活的关怀和重视。饱受“鱼米之乡没鱼吃”困扰的广东省，特别是广州市，酝酿采取措施彻底解决“吃鱼难”问题。

1976 年 3 月，长期在财贸部门工作的尹春晏，被任命为广州市水产局党委书记兼局长。尹春晏曾经在中国人民大学学过经济，懂得价值规律的作用和一些现行政策。当时，在批判“右倾翻案风”中，再次取消了派购政策。国民经济处于崩溃的边缘，物资极度匮乏。尹春晏上任后，发现广州市存在“吃鱼难”的问题，在计划经济条件下，一切都要凭票，吃鱼也一样，一个月每个人二两鱼票，过期就不可以用了。

尹春晏对当时广州市的水产品供应进行了长时间的认真思考，他给自己出了两道题目：第一，广州市旁边的顺德、南海县以及郊区番禺县是河网地区，鱼塘很多，鱼产量大，广州又是沿海城市，广东省的海岸线很长，水产资源很丰富，为什么广州市民吃鱼那么难？第二，解决广州“吃鱼难”问题的出路在哪里？

回顾中华人民共和国成立初期，广州市不存在“吃鱼难”的问题。1952—1957 年“第一个五年计划”（简称“一五”计划）期间，基本上没有发生“吃鱼难”的问题，市场供应很好。到了1958年，搞了总路线、“大跃进”、人民公社化“三面红旗”，包括水产市场在内的所有市场供应开始紧张了，由于各种副食品供应紧张，开始对居民实行凭票（证）定量供应水产品，各市场、店、组实行定死计划按来货比例配货销售，回收鱼票。面对困难，1961年又开放了水产市场，经过了两年的努力，到了1963年，基本上解决了“吃鱼难”的问题，取消了水产品凭票供应。可惜好景不长，又开始了“四清”运动、“文化大革命”，鱼栏、农贸市场被作为“资本主义尾巴”割掉，议价商品来源受到限制，实行统一派购、统一销售、统一分配的计划经营。1969年8月又恢复副食品证，按户按旬定量供应。

我国实行计划经济、计划管理20多年，当年流行这样一个说法：供应城乡居民生活所需的农副产品，“一放就活，一活就乱，一乱就关，一关就死”。一放就活，一活就有东西了，水产方面就有鱼吃了，所谓“活”，是指价格活，至于“乱”，实际上是一个观念上的问题，无非是脱离了计划管理，政府部门不能指定价格。尹春晏由此得出一个结论：没有鱼吃的根本问题就是市场关闭，价格管死。要解决“吃鱼难”的根本出路在于开放市场、搞活价格。

图4-5 开放市场、搞活价格，水产品就有了

尹春晏把想法跟当时分管财贸的市委常委、市革委会副主任（后为副市长）左铭汇报。左铭说：这个问题要慎重。

为了详细了解尹春晏的想法，一天晚上，左铭约尹春晏到他家里谈。从晚饭后八点开始，一直谈到凌晨一点钟。为了这次汇报，尹春晏做了充分的准备。他对左铭说：水产市场开放，我们不要一下将水产市场全部开放，而是逐步进行。

因为当时在计划经济体制下，国家对工农业产品有一个划分，将产品分为三类，一类产品、二类产品是国家计划产品，实行计划生产、计划分配、计划供应，是管死了的。但水产品种繁多，一些高档海产品当然是国家计划产品，一些常吃的鱼类也是二类产品，由国家统一调拨。如南海、顺德有四大家鱼，被列为二类产品，属于国家计划产品，计划调拨计划分配。而一些河鲜杂鱼和小水产是第三类产品。

尹春晏对左铭说：我们可以先把第三类产品即河鲜杂鱼和小水产开放，第三类产品是非计划产品，按照政策是可以开放的，我们开放这类产品，是有根据的，在政治上没有问题，也没有太大风险，而且利大于弊。放开市场，水产品就会有了，有总比没有好啊！

尹春晏越说越激动，不自觉地站起来，提高声音说："现在广州的水产市场什么东西都没有，广州人那么喜欢吃鱼，但买不到呀！广州的郊县及邻近地区是水网地带，水产品那么丰富，每年两次交易会在广州举行，特别高档的水产品如边鱼、鲈鱼、桂花鱼等几大淡水鱼，都要从中央商业部下令调，全国市场都关闭了，调也调不上。如果市场放开了，交易会就可以买到这些鱼了。这从经济上来讲，可以收到外汇；从政治上来讲，外宾吃到鱼，可以说我们的好话。这是一举两得的好事呀！"

尹春晏说得有理有据，很有说服力。左铭很认真地听尹春晏说了四个多小时。谈话后，尹春晏就立下决心，要与市水产局班子研究，搞好水产市场的开放。

四、拿河鲜杂鱼试水

解决问题的关键在于放开。广州水产市场的改革，是从不列入国家计划的三类产品开始的。第三类水产品是指生鱼、鲫鱼、塘虱、泥鳅这些鱼，人们将之称为河鲜杂鱼，品种很多，尤其是鲫鱼的价格很高，广州地处珠江三角洲河网地区，特别是近郊番禺一带，河鲜杂鱼的资源是非常丰富的。

根据国家规定，三类产品是可以在市场流通的，但是在"左"倾盛行时，特别是在"文革"期间，三类产品实际上也被管死了，因为广州市关闭了所有的农贸市场，三类产品只能到附近的佛山、南海购买，那里的农村是有农贸市场的。为求稳妥，水产市场的改革就从这些三类产品进行。这样做的根据，就是三类产品是非计划产品，可以放开。

尹春晏学过经济，知道放开三类产品并没有违反国家的规定。国家计划的产品没有放开，所以这样的改革开放并不是凭空想出来的，是有依据的，风险

图 4-6 种类繁多的河鲜杂鱼

是有，但是不大。他带领广州市水产局一班人，下定决心一定要干，不管别人说什么，也毫不动摇。水产市场的开放是渐进的，在当时的历史条件下，省里调配指标不可能开放，如果将这些都开放，那么省里就不会再调配计划过来，那是一件很严重的事情。

广州市最先开放的水产品市场在一德路，那里是水产品的聚集地，率先办起全国第一间水产品行栏货栈——广州河鲜贸易货栈，对河鲜杂鱼实行实行产销见面、随行就市、按质论价、议价成交，这是广东农产品流通领域最早的改革。

水产市场放开后，河鲜杂鱼从 10 多个品种增加到上百个，冰鲜鱼从过去不分品种混装改为用箱分装，名贵的基围虾、风鳝、石斑等高档活海鲜也开始源源上市。一德路的水产市场一片繁荣，全国各地的商贩都来到了广州[①]。广州成为全国第一个成功解决“吃鱼难”的大城市。

五、恢复水产货栈

贸易货栈是一种居间、服务性的传统商业组织。“文化大革命”期间，贸易货栈被当作“资本主义的交易所”受批判，被全部撤销。1978 年 12 月 25 日，广州首先以水产品市场为突破口，放开河鲜杂鱼价格，在成立了全国同行

① 尹春晏口述，邓妮整理．广东经济风云六十年：广州河鲜杂鱼市场率先放开［EB/OL］．(2009-09-21)［2018-08-01］．http：//www.agronet.com.cn/News/Detail_514369.aspx.

图 4－7 1978 年 12 月，广州出现全国第一家由市场机制调节的河鲜市场——广州河鲜贸易货栈

中第一间国营货栈——河鲜贸易货栈。广州河鲜贸易货栈的经营方式是议购议销，代购代销。货栈通过书函、电报、电话等形式为客户提供市场信息，沟通产销渠道，和省内外 224 个产销单位保持业务联系。为市内各茶楼、宾馆、肉菜市场、水产店和 600 多个个体户提供货源。

广州河鲜贸易货栈 1979 年营业额 925 万元，利润额 30 万元，旗开得胜。这个货栈在购销业务中想方设法方便客户，来货不拘多少，实行随到随收，并开展为顾客代装卸、代运输、代保管商品、代办食宿和代购车船票等服务项目。到 1983 年，河鲜货栈开办 4 年多，经营的品种从 10 多个增加到 70 多个，销售额逐年增加。1983 年，广州河鲜贸易货栈水产品总销售量 14 万担，其中，河鲜杂鱼占 62 000 担；营业额达 3 832 万元，利润额 100 万元，分别比 1979 年增长 3.42 倍和 2.33 倍。农牧渔业部负责人和全国 10 多个省、市的同行，先后参观过该货栈，称赞他们办得活、办得好。

河鲜杂鱼放开一段时间后，广州市在保持原有的国营批发机构、加强计划内水产品的调运和供应的基础上，于 1979 年，上半年相继增设了塘鱼、海洋鲜鱼、咸鱼海味三个货栈，积极开展以代销为主的计划外水产品的议购议销，价格随行就市，按质论价，自由成交，为生产者和消费者提供服务。货栈的出现，对疏通商品流通渠道、减少流通环节、活跃城乡物资交流起到良好作用，水产品丰富了起来。1979 年 3 月，广州市率先放开塘鱼和冰鲜鱼市场，允许计划外水产品议价成交。慢慢地，水产市场不再只有三类产品，一些国家计划调拨的产品也开始出现了，高档水产品也出现了。

广州市水产公司咸鱼海味贸易货栈下设 4 个营业部，其中 3 个设在一德中路（有 1 个营业部附设零售点），另 1 个设在永兴街水产大院内。各营业部自行开展议购议销、代购代销，以经营咸鱼海味为主，兼营其他京果杂货。“咸鱼青菜”是广州居民的家庭常菜；海味不仅是宾馆、酒楼接待客人需要的品种，又是居民喜庆节日所必需。咸鱼海味在广州水产市场占有重要地位。解放前，一德路就形成闻名的咸鱼海味街，遍布全市的副食品店都经营咸鱼海味。

20 世纪 50 年代，广州销售的海洋水产品主要还是咸鱼海味，以后冰鲜鱼销售量虽然逐渐增加，但在 1978 年，咸鱼海味的销售量仍占海洋水产品总销售量的五分之二。因此，办好咸鱼海味货栈是搞活水产市场的一个重要部分。

咸鱼海味贸易货栈与广东省汕头、惠阳、湛江等地区以及山东、辽宁、福建、广西、浙江、江苏等 10 多个省、市的 200 多个单位建立业务联系，并经常保持几十个采购人员奔走各产区。这样，不仅增加了货源，而且品种也基本恢复到 50 年代水平。

咸鱼海味产销特点是全年生产，秋冬适销，因而价格浮动较大。货栈充分利用资金多、仓容大的有利条件，运用吞吐、储存办法，调节市场供应。货栈恢复几年来，咸鱼海味上市逐年增多，价格保持稳中有降。如中等咸鱼从 1980 年的每斤 1.7 元降至 1983 年底的 1.4 元。海味价格也有所下降。1983 年货栈有职工 337 人，议价咸鱼海味销售量达 27.4 万担，销售金额 6 463 万元，利润达利润达 180 万元（含代销）。

位于一德中路的广州咸鱼海味店，是广州最大的一间老字号咸鱼海味店，专营优质咸鱼海味，以花色品种多样闻名。1979 年以后，该店的经营特色逐步恢复。1983 年，经营品种从原来的 70 多个增到 100 多个，鲍、参、翅、肚、鱿、章、地、墨、虾、干贝等海味和各种咸鱼、京果杂货，一应俱全，一些传统的名贵品种也重新上市。如阳江的黄鲤鱼、白鱼、香虾羔、银虾酱，北海、海南的石斑片、红鱼片，云南的银鱼，宝安的蚝鼓、蚝油等。该店除零售，还增设议购议销、代购代销和从产区直接进货等业务，开展加工洗晒咸鱼、洗鱼翅片、沙爆鳘肚和为顾客送货上门、邮寄干口小宗商品等服务项目。1983 年营业额 491 万元，利润 36.5 万元，分别比 1982 年增加 1.02 倍和 84.3%。

图 4－8　1983 年广州一德中路的咸鱼海味商店

1982 年，广州市区商业系统（含供销、粮食、服务、商业、水产局）就有 32 个货栈（购销服务部）。1982 年商业系统货栈及国营商业的议价购进商品总额 9.97 亿元，比 1981 年增长 1.1%，占购进总额的 23.2%；议价销售商品总额 10.46 亿元，与 1981 年基本持平，占省、市属企业销售总额的 21.5%。议价经营的商品主要是计划外的一、二类和三类农副产品。

六、发展集市贸易

集市贸易是受价值规律调节的自由市场，是农民出售自留地产品和完成国家交售任务以外的农产品的场所，是社会主义商业的重要补充。它对活跃城乡物资交流，补助国营商业的不足有重要作用。但是，集市贸易在“文化大革命”中被当作“资本主义尾巴”割掉。到 1978 年之后，它才得到恢复和发展，交易活跃。市场发挥作用就越来越明显，自由贸易得到快速发展。

图 4－9　1983 年的市荔福水产综合商场一角

与此同时，广州市除了原有的 60 多个国营肉菜市场（集市），还在市区设置了 34 个农副产品贸易市场，内有经营鲜活塘鱼个体小商贩 470 多户。1980 年后又在市区边缘地带和珠江增设了陆上和水上塘鱼批发市场，市内大街小巷也陆续出现了经营灵活、方便群众的鲜活鱼档 200 多户，加上敞开城门，无论是本地还是外地，农村社队还是塘鱼养殖户和运销专业户，来市内买卖鱼货，一律欢迎，这样就形成了以国营商业为主导的多条流通渠道，多种经济成分、多种经营方法、少环节，开放式的“三多一少”水产品流通体制，出现了国营、集体、个体相互竞争、共同发展的动人景象，使广州市塘鱼市场繁荣兴旺，热闹非凡。

1982 年，广州地区城乡共有农贸市场 175 个，商品成交额达到 3.95 亿元，比 1981 年增长 18%，相当于全市社会商品零售额的 10%。其中，城市农副产品市场 29 个，商品成交额 1.23 亿元，比 1981 年增长 5.7%。农村集市 146 个，商品成交额 2.72 亿元，比 1981 年增长 24.6%。在农贸市场销售的商品中，肉、禽、蛋成交总量达 7 533 万斤，比 1981 年增长 12.5%，相当于全市零售量的 18.7%；水产品成交量 3 659 万斤，比 1981 年增长 30.4%，相当于全市零售量的 27.7%；蔬菜成交量 24 114 万斤，比 1981 年增长 35.3%，相当于全市零售量的 30.5%；粮食成交量 1 081 万斤，比 1981 年增长 1.2%，相当于全市零售量的 0.8%。

为适应农贸市场发展的需要，1982 年广州市政府和工商管理部门拨出专款 188 万元，对农贸市场进行维修、改造和扩建。在市区的 29 个农贸市场中，已搭建上盖的有 24 个，面积 1.22 万平方米，还有 9 个农贸市场进行了维修和扩大。

海鸥水产店是广州市水产供销公司较大的一间店，地处经营鲜鱼闻名的海珠南路。面临激烈竞争，该店锐意改革，恢复卖活塘鱼和加工鲮鱼、黄鳝肉、鲜虾肉、草菇等传统经营特色。在搞好牌价水产品供应的同时，积极设法增加议价货源，除了经常保持每天有 20 多个鲜鱼品种上市，还兼营家禽、鲜笋、禾花雀等。同时，免费为集体单位和孤寡老人送货上门，开展电话预约购货业务，增设夜市，方便群众。1983 年，该店有职工 31 人，营业额 323 万元，利润 31 万元，平均每人营业额超过 10 万元，利润达 1 万元，居全市水产零售店之首。

七、开设雅马哈鱼档

广州实行水产品流通体制的市场化改革，逐步放开价格，僵化的鱼价立刻活跃起来，以数倍的升幅调动起渔民的热情，广州周边鱼塘的产量也数倍增加，鱼价随之回落，“年年有鱼（余）”在第二年就变成现实。

从 1981 年开始，广州出现了大量用摩托车拉水产到城区叫卖的个体户，个体鱼档逐渐遍布大街小巷，个体户们每天早上用摩托车从芳村运来的活鱼鲜虾，既新鲜又便宜，市民们拿回家中还活蹦乱跳。而此时的外省城市，每月每人还只能凭票购买一两斤死了几天甚至发臭的冰冻“剥皮鱼”。“鱼价放开”四个字，竟能带来如此大的差异！

图 4－10 电影《雅马哈鱼档》

个体经营的蓬勃发展被记录在了当时的电影中。把这些个体户介绍给全国人民的是 1984 年的电影故事《雅马哈鱼档》——有个叫做阿龙的男主角，开着“雅马哈”摩托车开始他的卖鱼生涯，邀好友海仔、女友珠珠一起，开设了一家名为“雅马哈”的鱼档。

一开始，阿龙只晓得赚钱，有时甚至不择手段，结果，毁了鱼档的声誉，三个好友分道扬镳。龙珠街个体劳动者协会负责人葵妹向阿

图 4-11　当年的个体户卖鱼情景

龙伸出热情的友谊之手，邀请阿龙参加自己的鱼档。葵伯和葵妹的信任，使阿龙重新面对人生，开始新的生活。他把潦倒的海仔找了回来，又与珠珠重归于好，组成了一个新的联合实体，重开鱼档。

电影《雅马哈鱼档》的上映，记录了那个时代的发展，拉开了改革开放发展市场经济的大幕，犹如一股春风，以浓缩真实生活的表现手法，向世人道出了改革开放的真谛：服从市场经济规律，提倡多种经营方式，买者选择更多，卖者走向富裕，是皆大欢喜的双赢之路。

"撕开了计划经济的一角，呼唤着市场经济的到来"，这是媒体对《雅马哈鱼档》的评价。《雅马哈鱼档》上映之后，更多的人决定下海、决定自己当老板，不少香港人看完电影都跑来广东投资。

电影《雅马哈鱼档》因其所蕴含的时代气息和强烈的引导姿态，获文化部 1984 年优秀故事片二等奖、1985 年第 5 届中国电影金鸡奖最佳美术奖，被誉为"广东改革开放的第一张名片"。

八、牌价议价并存

十一届三中全会召开前十多年间，广州市塘鱼供销长期处在一个市场、一条渠道、一种价格的僵化萧条的困境之中，广泛开展塘鱼议购议销，逐步开放塘鱼市场，是冲击旧的流通体制，充分发挥价值规律调节作用的突破口。市场放开一段时间后，水产品丰富了起来。慢慢地，一些国家计划调拨的产品、高档水产品也出现了。于是就出现了两个价格，一个是计划价格（"牌价"），另一个则是开放的水产市场的价格（"议价"）①。

① 尹春晏口述，邓妮整理．广东经济风云六十年：河鲜杂鱼市场率先放开［EB/OL］．（2009-09-21）［2018-08-01］．http://www.agronet.com.cn/News/Detail_514369.aspx.

从 1978 年底广州开办国营河鲜鱼货栈，一直到 1985 年 4 月全面开放塘鱼市场，这几年一直是牌价鱼数量稳定而相对比重则不断降低、议价鱼比重不断上升的形势，而价格在经济开放初期猛涨后一直比较稳定。1979 年上市 3 410 万斤牌价鱼，589 万斤议价鱼，514 万斤农贸市场市价鱼。1982 年上市议价鱼增加到 1 836 万斤，加上农贸市场市价鱼 1 232 万斤，比当年上市牌价鱼 2 944 万斤多了一点。1983 年上市议价鱼和市价鱼猛增，分别达到 2 078 万斤和 2 185万斤，而当年上市牌价鱼却比 1978 年减少，只有 2 796 万斤，1984 年上市议价塘鱼 1 948 万斤，农贸市场市价鱼 2 778 万斤，而牌价鱼仍然是 3 000 万斤左右。1985 年 4 月 1 日塘鱼全面开放，当年牌价鱼锐减为 391 万斤；而上市议价鱼达 2 193 万斤，农贸市场上市市价鱼则猛增至 5 150 万斤。

广州市区的水产品供应，历来靠各地调进，而在郊县则自产自销。1982 年放宽了群众海洋渔业产品的购留比例，把渔业社队购五留五改为购四留六；恢复了广州郊区塘鱼派购，各地区认真执行调拨计划，经营水产品的广州市水产公司积极组织货源，1982 年市场牌、议价水产品增加。市区全年牌价供应 60.6 万担，比 1981 年 47 万担增长 28.9%。议价供应 63 万担，比 1981 年增长 12.5%。牌议价共 123.6 万担，比 1981 年增加 20.6 万担，增长 20%（未包括农贸市场销售部分）。广州水产品销售主要靠各区肉菜市场，其次是市水产公司属下的一德、为民、永兴三个基层店（一德基层店为国营企业）、13 个门市部。为民、永兴基层店是集体所有制企业，拥有 25 个门市部。上述共 38 个门市部，分布在全市各区、街。这些门市部主营水产品，兼营部分猪副杂品。1982 年加强对货栈管理，货栈经营坚持以本行业为主、本市销售为主、薄利多销、有赔有赚的原则，在全国各地组织商品对流串换。市河鲜货栈提供河鲜杂鱼给水产进出口公司出口，以出养进，购回广州适销的冰鲜，以牌价回销广州，为国家创汇 300 万美元。1982 年进一步打开多条流通渠道，个体经营的水产品摊档发展得更多，水产市场日益兴旺。

广州市通过改革水产品流通，连续几年水产品上市量增加，而且价格一直比较稳定，整体而言没有暴涨暴跌的情况，基本保持在生产者和消费者都可以接受的比较合理水平上，这确实是出人预料的。当时总结出来的经验：一是自觉运用价值规律，搞活水产品价格；二是充分发挥国营商业的主导作用。现在看来，还是很有价值。

价值规律是商品生产和商品流通的基本规律。要搞活商品流通，就要遵循价值规律，利用规律，让价值规律在流通中起作用。特别是，水产品是鲜活的

图 4-12 水产品市场开放后蛙类也可上市

商品，品种繁多，具有季节性强，生产分散，商品生产、商品供求、商品质量及商品价格可变性都很大的特点。水产生产和水产市场的死和活，价格问题是个关键，“一活百活，一死百死”。因此，广州市根据价格规律的要求和水产市场的实际情况，从 1978 年底开始首先开放河鲜杂鱼，跟着开放塘鱼、海水鱼等产品，对国家计划收购外的水产品实行随行就市，按质论价，议价成交。这样，通过市场调节，水产品价格便得到自然、合理的调整，使生产者有利可图，把省内外的各种水产品源源不断引进广州，以活价促生产、促供应。

在水产品市场开放初期，市场价格上升幅度较大。群众反映强烈，水产部门压力很大。如何看待价格一时上升，成了是否敢于进行这一改革的关键问题。由于过去长期管死，一旦开放，商品不多，管理一时又跟不上，价格上升是必然的，这是对过去不符合价值规律、不合理的价格体系的一种纠正，是理顺经济关系初期的一个必经阶段。这种情况只是暂时的。实践证明，议价水产品价格高一些，农民、渔民得到实惠，有利于提高生产者的积极性，生产发展了，商品多了，流通渠道疏通了，加上适当的管理，价格就会逐步降下来。

水产品市场在放活的过程中，也曾经因为实行限价而受到一定的影响。但实际上只限了国营，限不到个体，限了大城市，限不到农村和小城镇。结果，国营货栈来货减少，一些个体户乘机高价出售，消费者没有因为限价而减少负担，后来经市物价部门调高了控制价。1982 年起便把河鲜杂鱼的最高控价下放给水产部门掌握，允许“买活”浮动；1983 年 4 月起，广东省又进一步取消了对农副产品议购议销的最高限价，从而为搞活市场创造了更为有利的条件。

九、搞活水产经营

在“收购两头低”的计划经济管控下，生产积极性自然难以发挥。而随着集市贸易的恢复和产品价格的提高，渔民在分配中的地位得到显著改善，生产积极性大大提升，产量随之增加，长期以来供不应求的局面开始得到改观。

水产品价格放开以后，广州附近的鱼产区塘鱼产量大增，渔业生产养殖从“不愿养”到“抢着养”，当地的水产公司、养鱼大户不断来广州找水产市场要求推销鱼，“人追鱼”变成了“鱼追人”！广州人从此结束了“食无鱼”的局面，成为全国第一个成功解决“吃鱼难”的大城市；随着消费者对水产品的质量、品种要求的提高，对加工、包装、送货的服务要求也越来越高。当时广州水产企业的工作，还不适应这种要求；国营商业主渠道的作用面临新挑战，碰到一些新的困难。认真研究解决这些新情况、新问题，成为巩固和发展水产品市场大好形势的新课题。

在多种经济形式，多条流通渠道，国营、集体、个体一齐上的形势下，如何充分发挥国营商业的主导作用，成为更好地促进生产发展、搞好市场供应一个重要问题。几年来，广州市成立了经营各种水产品的国营货栈 5 间，开放农贸市场 32 个，国营、集体水产店发展到 200 间，水产个体户约 700 家，还发展了大批的城乡个体贩运。

为了进一步搞活市场，广州市充分发挥了国营水产货栈在市场上的主导作用，制订了国营货栈的基本任务，为生产者和消费者服务：在统一价格上实行薄利多销，代销只收 3%的手续费，自营部分销售利率全年统算不超过 3%，在购销中合理掌握价格，进行必要的商品吞吐，对价格自觉进行调节和控制；在经营上利用国营商业的优势，掌握计划外水产品 80%的货源。国营、集体、个体零售的水产品大部分要从国营水产货栈进货；在服务方法上通过来访、来电、来函，及时沟通市场信息，给生产者和经营者以指导；同时，延长服务时间，设立代装、代卸、代运、代保管、代买车船票、代办食宿等服务项目，方便顾客。实践证明，通过上述做法，使集体、个体经营纳入主渠道之中，在竞争中把对手变为助手，共同搞好购销点，真正形成了“三个一齐上”的局面。

开展以水产品为主的多种经营。几年来，水产部门根据社会需要和实际情况，挖掘企业潜力，利用现有的人力、设备、场地和新建职工宿舍首层，开展以水产品为主的多种经营。如塘鱼批发部利用批发场地，开办塘鱼小食部，海洋渔业公司开办海鲜酒家，零售部门开办水产综合商场等，对繁荣广州市场、搞活水产品流通、提高企业经济效益、安排劳动就业都起到良好效果。

扩大企业自主权。1979 年开始，广州市水产局逐步把经营管理权下放给所属企业。如供销企业，有权随行就市，灵活掌握价格。海洋渔业公司产品除保证部分优质鱼牌价节日供应，其余产品有权自行销售，实行浮动价格。由于扩大企业自主权，企业增强了活力，就更能适应市场变化。如塘鱼货栈增加午市经营，开展塘鱼加工，并兼营冰鲜鱼；咸鱼海味货栈扩大代销业务，举办商品展销交流会等，有效地促进了购销业务的发展。

图 4-13　1982 年，广州河鲜贸易货栈大力组织货源，活跃市场

改革企业管理体制。1984 年，把原属供销公司管理的冰鲜批发部、货栈和冷冻厂划归海洋渔业公司统一管理，成立海洋鲜品综合贸易公司，把海洋渔业公司新建成为产、供、销、加工一条龙的工商联合企业，密切了产销关系，解决了长期存在的产销矛盾，促进了生产和加工综合利用的发展。渔业公司加工厂 1984 年产值比 1983 年增长 88%，盈利 32 万元，比 1983 年增长 7 倍。供销系统原来的各个货栈，也都改为综合贸易公司，从而把生意做活做大。

1985 年塘鱼全面放开，塘鱼主产区取消派购，广州市也没有牌价鱼，但国营水产商业却因货源不足，市场占有率明显下降，由过去的七比三（国营占七成）转变为三比七（国营占三成）。1986 年 1—2 月 59 天时间，广州市农贸市场塘鱼上市成交量共 1 300 万斤，平均每天 22 万斤，而同期国营水产系统经营的塘鱼只有 400 万斤，平均每天 6.8 万斤。但并非所有国营水产商业都在走下坡路，它们中间出现明显的差别。有的国营商业因长期有牌价鱼生意做，旧的传统观念和经营方式一时适应不了全面开放，在竞争中却步不前，经营一直比较被动。但有的国营商业，没有怨天尤人，而是审时度势，坚持改革，因而在参与市场调节的竞争中，取得很好的成绩。

广州水产贸易公司，是一家专营牌价水产品零售业务的基层店，过去单纯依靠国营批发部进货，有什么进什么、卖什么，有鱼就卖、没有就等，反正是“皇帝女不愁嫁”，货源稳定，独家生意，没有竞争。1985 年水产品全面开放后，为了适应市场竞争大购大销的局面，必须积极经营，迅速实现经营体制和经营方式的大改变：

一是从零售为主逐步过渡到批发为主，从单一渠道改为多渠道进货，在保持原有零售业务的同时，全面开展批发和代购代销业务，努力掌握更多水产货源，开展大购大销，扩大商品流通，更好地为生产和消费者服务。

二是立足本市，面向省内外，把生意做到全国去，除在本市扩大水产品购销业务外，还兵分两路组织人员到省内产区和外省开展购销业务，1985 年共组织了 61 万斤水产品北运外省销售，又从省内外组织了柴鱼、墨鱼等广州适销的水产品 175 万斤回广州市销售。

三是扩大经营范围，从独沽鲜鱼一味，改变为既卖鲜鱼，又卖海味、海珍品、京果杂货等。通过以上三项转变，再加上他们广泛开展优质服务，重视商品质量，代客加工，送货上门和为外地客户办理邮购邮销业务等，使这个公司的购销业务创造了开业以来最好成绩。1985 年销售额 3 718 万元，比 1984 年的 2 905 万元增加了 29.4%，真正发挥了国营商业的主导作用。

广州作为华南的中心城市和传统水产品集散地，在发挥横向经济联合方面有很大的潜力。顺德、南海塘鱼主产区需要广州这个传统市场，而广州市塘鱼供应主要靠两县生产，彼此之间存在着互为依存、息息相关的协作关系。广州市和外省许多地方，水产资源和消费习惯、消费水平很不相同，经济发展也不平衡，各有各的优势和弱点。比如广东人喜欢吃生猛塘鱼，四川人则喜欢吃干货。南海海域生产的海鱼，池、泽鱼占七八成，广州居民不爱吃，三四角钱一斤也销不出去，而在外省一些地方尤其是缺鱼地区，则由于价廉而很受欢迎。广州市场的优质河鲜、海味品、海珍品等，贵一点也很好销，有时还供不应求，外省某些地方也有货源。由此可见，发展同省内外的横向经济联系，大有可为。

图 4-14　广州办起全国最大的水产品市场

第五章

支持：省委、中央齐撑腰

任何改革都伴随着风险。广州市水产品价格部分放开后，短时间内塘鱼价格猛涨，从每千克牌价 1 元升至议价 7 元。一时间人心浮动，市民意见很多，投诉电话甚至打到党中央和国务院的办公室。也有人提出了“恢复统销包销”“恢复凭证供应”等言论。塘鱼产区也找上门，反映广州放开水产品市场影响了产区的计划收购，冲击国家计划。有的水产门店也发生过把牌价鱼卖高价，激起市民愤慨的现象。面对这些困难和压力，广州市没有因噎废食，关闭市场，这一切主要是因为有开明的市委和开放的省委大力支持。他们认为这是以价值规律搞活市场不可避免的“阵痛”；更有党中央、国务院及有关部委的大力支持，特别是胡耀邦等当年的中央领导人，对水产市场开放的关心支持。在解决“吃鱼难”、支持鱼价放开上，从中央到地方，都付出了巨大的努力。

一、习仲勋：一定要解放思想

1978 年 4 月初，在中共广东省第四次代表大会上，习仲勋当选为广东省委第二书记（当时中共中央政治局委员韦国清兼任广州军区第一政委、广东省委第一书记），1978 年 12 月任广东省委第一书记、省革命委员会主任。带领广东改革开放“先走一步”的习仲勋对解决“吃鱼难”的问题十分重视，领导广东在全国率先放宽了政策。

图 5－1　1978 年，习仲勋在农村视察

习仲勋刚到广东工作的时候，“文革”刚刚结束，僵化的计划经济使得国民经济几近崩溃。广东的经济在全国仅处在中游水平，群众生活十分困难。市民们每人每月只有5角钱的鱼票，还不能保证供应。当年的广东省委交通科门口有个卖鱼卖肉的食店，有些人为了买到鱼肉，凌晨两三点就开始在寒风中排队。副食店七点半钟才开门营业，买鱼的队伍长长的，人比鱼还多。气愤的市民把一张兑不了的5角鱼票寄到习仲勋那里，以表达不满。

这件事极大地触动了习仲勋，于是，他也早上五点多钟起来，和群众一样去排队，体验人民群众的生活。体验后，他决心充当“第一个吃螃蟹”的角色。他在省委会议上说：“广东四季长春，是鱼米之乡，鱼米之乡没鱼吃，买来的剥皮鱼过去都是当肥料撒在地里的，现在都是香饽饽。这样不行，一定要解放思想，搞社会主义不是贫穷，要尽快提高群众生活水平。”

习仲勋和省委经过研究，决定广东的经济体制改革以价格改革和搞活城乡流通为突破口。1978年12月25日，广州率先在全国同行中办起第一间行栏货栈——广州市河鲜货栈。对水产品实行产销见面，随行就市，议价成交，以搞活流通促进生产，吸引鱼货进城。

图5-2 完成派购任务后的水产品也可到农贸市场出售，这在当年是个突破

这样，广东的价格改革从水产品流通管理体制开始，通过运用价值规律，实行派购和议购相结合，使长期封闭的货源渠道很快畅通。从1979年开始，广州市率先放开塘鱼价格，进行流通体制的市场化改革，改革开始时鱼价涨了几倍，涨到几块钱。群众议论纷纷，甚至还直接告到了国务院。但决策者顶住了压力，继续坚持价格规律。此后事实证明，市场搞活了，以活促产，吸引了货源，改善了市场供应，上市的水产品多了，价格也稳中有降，生产者和消费者就都满意了，同时也减轻了国家补贴的压力。

1979年3月17—30日，广东省革命委员会在广州召开全省水产工作会议，研究水产工作着重点转移问题，制定了调整、发展的方针、任务、政策和措施。省委书记、省革命委员会副主任刘田夫等领导听取汇报并讲话。会后印发的《会议纪要》规定：“国家对渔业社队实行水产品派购与议购相结合的政策，海洋捕捞专业队和海水养殖专业队派购70%（风帆船可派购60%），半渔农队派购40%，塘鱼商品基地参照前三年实际收购平均数确定派购任务，下达到队，三年不变。农副业队、内河捕捞及分散产区塘鱼派购办法由各地自定。完成派购任务后的产品，可以由水产供销公司议购议销或代购代销，也可到农贸市场出售。”佛山地区的20个公社塘鱼商品基地，按出口和上调任务，由国家拨给塘鱼奖售饲料粮，国家向社队收购塘鱼，实行担鱼担粮，各地贯彻派购与议购相结合的政策，有三种形式：一是见鱼分成，按比例交售；二是死任务，活比例；三是派购任务包干。也有少数地区实行合同制。

1979年3月，省委决定：杨尚昆兼任广州市委第一书记、市革委会主任。到广州工作后，杨尚昆多次在市委常委会上提出，一定要想办法把市场搞活，让市民吃到活鱼。不久，广州打破“统一收购、统一销售”的计划经济模式，逐步开放市场，放开价格。同年，广州市革委会批转了市水产局《关于发展城郊渔业生产的报告》，实行一套适合广州市渔业发展的政策，规定非基地塘鱼、河鲜杂鱼不派购；推行联产承包责任制，允许包、标到人到组；允许生产队在保证完成粮食征购任务的前提下，利用低洼低产田挖塘养鱼，建设塘鱼商品生产基地。

同时，广州市还在荔湾区清平路兴建了清平农贸市场，这是广州市内第一家农民可以进城摆卖鲜活商品的交易市场。当时，此举在全国引起轰动，吸引了全国许多市长前来参观。有了这些基础和成功经验，广州在搞活市场、放开农副产品价格方面一直走在全国前列。

1979年4月起，广东省根据国家水产总局、国家物价总局3月22日联合发出《关于提高水产品收购价格的通知》，全面调整了水产品收购价格。这次调价，是贯彻按质论价和资源保护政策相结合进行的。调价原则：优质鱼价多提，一般鱼少提；鲜鱼价多提，咸鱼少提；大鱼多提，小鱼少提，有的还降价。根据上述原则调价后，全省水产品价格总上提幅度25.39%。其中：海洋水产品调高23.26%，塘鱼调高30.08%。这是中华人民共和国成立后第二次全面、大幅度地调高水产品收购价格。调整结果，总指数比1957年上升84.6%。其中海洋水产品指数上升88，塘鱼指数上升68.5，海珍（味）品指数上升224.5，海藻类指数上升114.2。

1980年1月19—24日，广东省政府召开全省水产工作会议，着重研究如何把本省海淡水养殖事业迅速搞上去，副省长孟宪德讲话，省水产局革委会主任谢永宽作题为“为迎接我省水产养殖大发展的新高潮而奋斗”的报告，湛江水产学院院长熊大仁教授、国家水产总局珠江水产研究所所长钟麟高级工程师等专家在会上发言。

1 月 27—30 日，广东省渔民代表会议在广州召开，省委书记刘田夫、副省长孟宪德到会讲话，重点研究加强渔政管理、保护水产资源、调整近海作业、开发外海渔场等问题。

1980 年 3 月 28 日，广东省委、省政府联合作出《关于大力发展水产养殖业的决定》，明确老基地塘鱼派购任务一定三年不变，计划外产品可以自行处理。奖售饲料为担鱼担粮（玉米、豆饼）。国家投资补助建设的新商品基地，三年内派购任务不超过产量的 50%，派购部分按照担鱼担粮政策奖售饲料。《决定》提出积极发展城郊养鱼，要求广州、各中等城市和人口集中的工矿区、县城镇要自力更生建设各自的塘鱼商品基地。

图 5 - 3　广东各地都建设塘鱼商品基地

水产品实行留成政策后，国家收购量一般只占产量 30%左右，大部分产品由生产者自行处理。各级水产部门成立货栈，帮助渔民销售留成的水产品，开展代理购销渔业队水产品的业务，调节市场供应，平抑水产品市场价格，既增加了渔民收入，也有利于消费者需求。

从 1978 年 4 月到 1980 年 11 月，习仲勋主政广东共两年零八个月，“把守南大门”（胡耀邦语），发挥出惊人的能量。这段不长的时期，成为他“一生两个最大的闪光点之一”（秘书俞惠煜语），带领广东“杀出一条血路”，以“第一个吃螃蟹”的气魄，在改革开放中先行一步，探索出农产品流通市场化的经验，同时为深圳、珠海特区奠基。

二、任仲夷：保障群众食有鱼

1980 年 11 月，中央决定调习仲勋、杨尚昆回北京工作。任仲夷接任广东省委第一书记；梁灵光任广东省委书记兼广州市委第一书记、市长。

图 5 - 4　1980 年底，杨尚昆、习仲勋与任仲夷等广东省领导乘面包车下乡

任仲夷离开沈阳时，一位同事跟他开玩笑说，你到广东，吃香蕉方便了。可是到广东以后才发现买香蕉很困难。农民说，台风把香蕉都刮倒了。当时广东省委分管农业的常委兼省农委主任杜瑞芝对任仲夷说，其实是因为政府规定的香蕉价格太低，农民不愿意种。杜瑞芝多次向任仲夷汇报，积极主张加快推行联产承包，放开农副产品价格。任仲夷很赞成。后来广东省委省政府决定把香蕉、塘鱼等许多农副产品价格放开，很快市场供应就丰富起来了。在全国还实行严格计划经济的年代，这样做是超前的。

国家对海洋水产品实行派购与议购相结合的政策后，渔民增加了收入，活跃了渔区经济，改善了市场供应。但也出现了一些新问题，主要是集体控制不了产品，国家收购和上调任务不能完成，优质鱼大部分卖给货栈或流向农贸市场，造成城乡牌价鱼供应少，牌价优质鱼更少。为了解决这些问题，从 1981 年起进一步调整派购政策，改进派购方法。除继续实行派购与议购相结合，按原来比例派购，见鱼分成改为规定交售数量、质量包干完成。派购任务下达到基本核算单位，由基本核算单位包干完成，一定三年不变。

水产品实行留成政策后，国家收购量一般只占产量 30%左右，大部分产品由生产者自行处理。各级水产部门成立货栈，帮助渔民销售留成的水产品，开展代理购销渔业队水产品的业务，调节市场供应，平抑水产品市场价格，既增加了渔民收入，也有利于消费者需求。

以 1981 年为例，水产货栈议价收购平均每担 81.13 元，比牌价 28.92 元高 52.21 元，农贸市场平均价 110 元比牌价高出 81.08 元，渔民每年从卖留成部分的议价鱼中增加收入比牌价收入多出一两倍。由于对水产品政策调整遵循了市场经济规律，利国利民，因此逐步取消水产品派购政策，实行水产品的自由买卖，分期取消国家定价、实行由市场定价的制度势在必行。

1981 年 7 月 22 日，广东省政府批转省水产厅《关于南海水产公司体制调整问题座谈情况报告》，南海水产公司划给广州市海洋渔业公司和留海南渔轮按省水产厅提出的方案办理，迁入广州职工需建宿舍的投资，广州市自行解决。8 月 13 日，省政府批转省水产厅《关于家庭养鱼现场经验交流会议的情况报告》。12 月 7 日，省编委批准在全省各地、市、县建立淡水养殖技术站 62 个，核定事业编制 200 名。这一系列措施，促进了全省特别是广州市渔业生产蓬勃发展，产量连年增加，为改善市场供应提供充足的货源。

1982 年 5 月 11 日，省水产厅、省工商行政管理局、省物价局、省财政厅联合发出《关于加强海洋水产品市场和物价管理的联合规定》。5 月 26 日至 6 月 6 日，省政府在佛山市召开全省水产养殖工作会议，省长刘田夫到会讲话，省委常委兼农委主任杜瑞芝主持会议并作总结。会后省政府印发《全省水产养殖工作会议纪要》。

1982 年 7 月 20 日，任仲夷到广东省水产厅检查工作，他说：水产工作非常重要。这次到北京，胡耀邦同志找我和刘田夫同志谈话时，也强调要发展养鱼。今后解决吃饭问题，不能仅仅在粮食上下功夫，要把粮食概念扩大，讲大粮食、大农业，逐步改变食物构成。除了继续抓紧粮食生产，还要大力发展肉、鱼、蛋、奶。

图 5－5　斗门县通过挖塘抬田，建成广东省水产养殖重点县

任仲夷指出：广东发展养鱼，有利条件很多。有些烂泥塘，种水稻不适合，产量很低，如果挖成鱼塘，就可以增加很多倍的收入；挖出的塘泥垫高田面，可以改造稻田，增产粮食，不仅是一举两得，而且是一举数得。

当谈到市场供应问题时，任仲夷说：广州市的市场供应离不开全省的支援。广州市也要大力发展养鱼。在谈到派购任务时，任仲夷说，我们与农民、渔民订合同，双方都要守信用。我们向农民、渔民要什么东西，应写进合同，农民、渔民应保证完成。政府向农民、渔民供应什么，也应保证完成。

任仲夷还强调要搞好加工保鲜。他说，鱼打上来，如果保管加工不好，就臭了。群众要吃鲜鱼、咸鱼，好的加工品也很需要，比如豆豉鲮鱼罐头就很受欢迎。捕鱼、养鱼、加工，可以利用外资，引进先进技术和先进设备。

任仲夷强调，水产发展前途很大，条件很好，大家要努力。生产搞好了，群众就有鱼吃了。不是“食无鱼”，而是食有鱼了。

在中央的支持下，广东从 1981 年起，陆续放开蔬菜、塘鱼、水果等价格，敞开供应。3 年后，调查全国 18 个大中城市，结果显示，广州人吃鱼最多，鱼价最便宜。广东按照先农副产品后工业产品，先消费品后生产资料的顺序，在全国率先改革物价体制。原来空荡荡的商店货架，忽然之间变得琳琅满目；原先轻飘飘的米袋子、菜篮子，一下子都变得沉甸甸了。许多原先要凭票证购买的东西，开始不用票证也能自由购买了。

三、叶选平：力撑市场开放

1982 年，广州市委、市政府针对市场上鱼价偏低、农民不愿养鱼的情况，经过周密调查研究，决定改革价格政策，率先放开鱼价。市委、市政府总结了过去一放就乱、一乱就收、一收就死的经验，顶住价格放开初期货少价高的压力，坚持改革开放不动摇的方针。在价格杠杆的刺激下，农民大养其鱼，产量迅速提高，鱼价逐步回落，从而为全面放开农副产品价格创造了良好的开端。

梁灵光后来回忆：最难忘是放开鱼价，开放市场。广东是鱼米之乡，大家喜欢吃鱼，那时广州平均每个人一个月发 5 角钱的鱼票，还不能完全保证供应。我们了解了市场的一些情况，以前塘鱼都是统购派销，卖鱼的农民也没什么积极性，所以生产上不去。我们就决定物价改革就以放开塘鱼价格作为突破口，下决心敞开了，也不统购了，也不派购了。所以一下子塘鱼的价格猛涨，一下涨了三四倍。群众不满意，甚至到了国务院去告状。那时我们考虑物价要改革，要下决心忍一下阵痛。如果不放开，什么都没有。下了决心不动摇，这样放开塘鱼的价格，冒了很大风险。结果呢，放开以后，农民养鱼的积极性提高了，生产增加了，价格逐步回落。三年以后，全国 18 个大中城市里，广州吃鱼最多，鱼最便宜。原来议论纷纷，这时大家觉得改革得到好处了。这样子呢，建立起整个改革的信心，连带其他物价的放开，进一步把流通领域放开。这炮打响了，也为以后开了路，大家树立起信心和决心了。这是印象最深的，这是初战啊，初战打胜了。

图 5－6　1983 年 7 月 19 日下午，新当选的广州市市长叶选平在记者招待会上答记者问

1983 年 4 月，梁灵光当选为广东省长，省委决定：副省长叶选平任中共广州市委副书记、代理市长，7 月任市长。当时，最先开放的水产市场出现一个问题，那就是市民买到了鱼，都非常高兴，但是一掏腰包，比“牌价”鱼多花不少钱，就很有意见。因为当时的广州水产品市场出现两个价格：一个是计划价格，即“牌价”；另一个则是开放的水产市场的价格，即“议价”。市场经济的核心问题是价格问题。

随着时间的推移，上市量越来越大，这时不仅郊区的小水产进入到市场，海产品也进入了市场，而且附近南海、顺德的四大家鱼也进入了一德路的水产市场，外省的产品也来了，于是群众反映也更大了，投诉也更多了。

第一个投诉：为什么买不到牌价鱼？是不是水产局将鱼全部拿去卖高价了？

第二个投诉：为什么牌价鱼的质量不好？是不是水产局把好鱼全部拿去卖议价？

这些都是违反当时规定的。

于是就有人反映到市委，有人甚至说广州水产市场如继续开放，将不再调拨水产品给广州。很多人把鱼票寄回给发放鱼票的广州市水产局，以示抗议。也有人将鱼票寄到了省、市一些领导那里。这给处于风口浪尖的广州市水产局施加了很大的压力。此时广州有家著名的报纸，刊登了一张漫画：一边画着计划分配的水产品，里面空空如也，一边画着放开的水产品，琳琅满目，应有尽有。这给刚刚放开水产市场，增加了不少压力。

在这样的情况下，市长叶选平到水产局调研。据当年的水产局党委书记尹春晏后来回忆，当时市水产局很紧张，怕市长下令关闭水产品市场。大家付出很大努力才开放的水产品市场，如果关闭了，要重新开放就更难，水产局的一切努力都白费了。叶选平最先来到一德路的河鲜杂鱼购销部，仔细听取水产局汇报。大家见到市长的态度很好，感到市长是支持开放水产品市场的。最后，尹春晏提出："我可不可以讲讲价值规律?"叶选平马上提起了兴趣，让他说下去。尹春晏说："我们国家承认价值规律，也说价值规律可以认识，可以利用，不能违背，违背价值规律就要受到惩罚，过去我们水产市场供应非常紧缺，就是违背了价值规律。"叶选平认真听了这段话说："你把这个观点向中央反映。"后来中央有人来调查广州水产市场时，尹春晏向他们反映了这个想法。

对于鱼价波动问题，叶选平说：1982 年春节，鱼价曾经涨到三元一斤，现在已经降到一块八左右了，最便宜还出现过八角钱一斤。价格放了，"闻涨莫惊，闻降莫喜"，会有调节的，过喜过惊都不必。也就是说，价高不一定是坏事，价高招远客，价高能吸引外地的商品；而价低不一定是好事，价格太低，生产者吃亏，他就不生产了，消费者就买不到商品了。

图 5-7　今天的一德路，仍然是海味食品专业街

随着破除流通体制改革的进行，农村实行家庭联产承包责任制，农民养鱼的积极性也高了，水产品也越来越多。顺德、南海等塘鱼主产区的养鱼户在完成国家计划任务后，可以将多余的水产品送到广州市场卖。这就为处于在改革前沿的广州市水产局，解除了后顾之忧。

四、胡耀邦：送鱼进城

1978 年 12 月 18—22 日，中共十一届三中全会在北京召开。一年前任中央组织部部长的胡耀邦，被选为中央政治局委员、中央纪律检查委员会第三书记。12 月 25 日，中共中央举行政治局会议，决定胡耀邦任中共中央秘书长兼中共中央宣传部部长。中共十一届三中全会揭开改革开放序幕，党中央、国务院高度重视水产工作，放宽政策，加速发展水产业。

1979 年 10 月 24 日，新华社刊登《淡水鱼收购价格提高了，为啥吃鱼更难了》一文。胡耀邦看后立即批示："人们对商业工作意见不小，当然有些议论要作具体分析，但如何加强党对商业工作的政治思想和政策的领导，如何改进商业工作的经营管理，我觉得确实是个大问题。建议搞一个文件，由中央发出。当然，文件要有较高的思想性、鼓舞性，要充分说理，而不是扣帽子，打棍子。八字方针，各个经济部门如何落实，特别是整顿一项如何落实，我们大家都没有底。如果不狠狠抓一下，要么流于空喊，要么乱整一气。这对我们的事业都不利。"胡耀邦对文中谈到淡水渔区农民"要撇开商业渠道，送鱼进城，到市场上直接销售鲜活鱼"批示：很好！

1980 年 3 月 28 日，国家水产总局向国家农委汇报代中央起草文件，中央书记处书记、国家农委主任万里听取汇报后指出：发展渔业，对于改善人民生活，增强人民体质，改变食物结构，都有重要作用，中心是如何把生产搞上去。万里还对抓好市场流通、摆正内外贸关系等问题发表了意见。

4 月 2 日，邓小平同志关于《关于编制长期规划的意见》指出：要发展多种副业，发展渔业、养殖业。……看起来应该以养殖为主，把各种水面包括水塘都利用起来。这也涉及责任制问题，有的就是要实行包工包产。过去搞农业的同志，只看到几亩地，没有看到江河、湖泊、水塘很多，可以充分利用。

7 月 19 日，胡耀邦、姚依林等中央领导同志在听取湖北省常委汇报时，对水产工作了指示。胡耀邦说："经济问题，紫阳同志插了许多话，我觉得很好。我提两个小意见：一个是农业上要注意水产。淡水养殖，希望你们成为全国带头的省，而且要创造一点新经验。小平同志也讲了好几次。淡水养殖的管理办法、所有制，可以研究一下过去的经验，可不可以搞点合作社？怎么使一部分渔民把捕捞和养殖结合起来，比如在长江搞网箱养殖。我看把淡水养殖要提高到和养猪、养羊同等的位置。你们有将近两千万亩水面，塘堰、湖泊比江苏还多。所以，希望你们把这个问题专门研究一下。"

7 月 21 日，胡耀邦对新华社登载《福建南安县石井渔业大队实行以船建队以船核算一年富起来》一文的批示："此件转水产总局同志研究。现在农业问题、林业问题、畜牧业问题解决得较好，唯独渔业问题有许多问题，首先是所有制问题，还没有解决好，请经过调查拿出套办法来。下半年还要讨论一次。”

紧接着，中共中央委员会总书记胡耀邦对水产品运销和解决重点城市吃鱼等问题作了 4 次批示：

7 月 28 日，对新华社登载《这个商品流通渠道应该保护——关于水产品长途贩运的调查》一文批示：请水产总局商工商管理局先从解决水产问题着手，然后再考虑解决别的长途运输问题。

8 月 11 日，对新华社登载《山东省渔工商联合经营的路子为何走不开》一文批示：一两年来，农业、林业、牧业、副业都在大大好转，渔业好转速度较慢，这方面还有一些关键性的问题似乎还未很好解决。水产总局作个切实的调查，同有关部门商量一个切实可行的办法。必要时可用中央名义发个指示。

10 月 19 日，对《人民日报》登载《如何解决重点城市的吃鱼问题？——舟山地区提供了可靠的途径和设想》一文批示：“紫阳、万里、依林同志：我感到水产问题（捕捞和养殖）和水域开发与保护问题（开发、垦殖、航运、污染等）还没有布开局面，没有一个统一的初步设想，建议在调查研究的基础上讨论一次。”

12 月 28 日，对新华社登载《要把渔业生产上得更快些——关于湖北省淡水鱼生产的调查》一文批示：“马洪、少平同志：希望你们和我再来一次合作，先搞一篇发展淡水养殖文章，然后再搞一篇发展沿海捕捞和养殖文章。明年二月到三月我们再外出考察一次。请先准备一点材料。”

1981 年 3 月 2 日，中共中央书记处八十八次例会讨论发展农村多种经营时，胡耀邦列举了发展淡水养鱼一事，他说：“我国淡水面积总共大约有 3 亿亩，可以利用的有 7 500 万亩，水库有 4 000 万亩。要重视可用的淡水水面，把水塘包给生产队或个人养鱼，种菱角、种莲藕。三五年内，应该争取淡水鱼产量达到四五百万吨。”为贯彻落实胡耀邦的指示，国家水产总局立即组织几批同志分赴各地进行调查，总局党组又专门研究，先后两次邀集各重点省和重点地、县的同志进行座谈，并报请国务院同意由国家农委召开全国淡水渔业工作会议，研究落实发展淡水渔业的措施。

从 1980 年 3 月 27 日中共中央通知由胡耀邦负责书记处全盘工作的 1 年间，中央主要领导和书记处对水产工作特别是如何解决“吃鱼难”问题有 10

次批示或活动，这是绝无仅有的。当年鱼价能顺利闯关，离不开中央领导的大力支持。

1981 年 6 月，在中共十一届六中全会上胡耀邦当选为中央委员会主席（1982 年 9 月在中共十二届一中全会上当选为中央政治局常务委员、中央委员会总书记）。新一届中央领导对水产工作高度重视，倾听民声，多次批示要放宽政策，加速发展水产业，批示的内容从一般号召，到指导思想、方针政策、领导体制、科学技术等方面都有涉及。

图 5-8 1984 年，胡耀邦视察广东时与任仲夷、梁灵光交谈

1982 年 12 月 1 日《人民日报》报道：1982 年冬，邓小平同志在同国家计委负责人谈话时指出："淡水养鱼很有前途，至少是湖北，到处是大、小湖泊，经营好淡水渔业，农民很快富裕，也能解决城市供应问题。"

1984 年春节前后，胡耀邦等中央领导同志到各地视察后，召开中央书记处会议决定：为端正和完善水产工作的指导思想，责成农牧渔业部代中央起草一个关于放宽政策、加速发展水产业的文件，提交中央书记处会议讨论。为此，农牧渔业部水产局组成文件起草小组，开始调查研究，着手文件起草工作。

五、国家部委支持开放

1978 年后，水产品购销政策开始沿着改革、开放、搞活的轨道前进。其基本特征是，有计划、有步骤地调整流通结构，由国营垄断封闭型模式向多渠道、少环节的开放型模式过渡，计划经济因素逐步减少，市场调节因素逐步增加①。

1978 年 3 月设立的国家水产总局，于 9 月 9—18 日在北京召开全国水产物价工作座谈会，传达国务院批转的《全国物价会议纪要》，对当前水产物价

① 《当代中国》丛书编辑部．当代中国的水产业［M］．北京：当代中国出版社，1991：105.

工作提出三点要求：集中力整顿物价；深入调查研究，合理调整计划价格；加强领导，恢复和健全物价机构。9 月 23 日，国务院批转国家水产总局《关于恢复中国水产供销总公司，加强水产品管理的请示报告》。

1979 年 2 月 5 日—3 月 1 日，国家水产总局在北京召开全国水产工作会议，全面分析水产工作现状，在总结水产工作经验教训的基础上，提出加速水产发展的方针政策和水产工作的调整重点。会议确定近期的方针为："大力保护资源，积极发展养殖，调整近海作业，开辟外海渔场，采用先进技术加强科学管理，提高产品质量，改善市场供应。"

这次会议是在正确贯彻三中全会精神下召开的。会后各地召开会议积极贯彻。3 月 22 日，国家水产总局、国家物价总局发出《关于提高水产品收购价格的通知》。

图 5 - 9　建设一流的综合性高效生态养殖科技示范园区

会后约 1 个月内，中央主要媒体大力报道渔业工作。《人民日报》3 月 13 日发表评论员文章《渔区要以渔为主》。4 月 5 日新华社记者发表述评《围湖造田，得不偿失》。述评说，我国许多地方违背客观规律，盲目地围湖造田毁塘种粮，致使江河、湖泊的水面逐年缩小，引起水域变迁淡水渔业资源遭到很大破坏，鱼产量连年下降。据统计，解放以来，全国围湖造田减少湖泊水面达 2 000 万亩以上。淡水鱼产量占全国水产品的总量由 1959 年的 40% 下降到 1978 年的 20%。1978 年我国淡水鱼产量还没有恢复到 20 年前的历史最高水平。新华社 4 月 15 日报道：全国现有大、中、小型水库 8 万多座，可养鱼水面达3 000多万亩，占全国内陆淡水可养鱼水面 7 500 万亩的 40%。4 月 17 日《人民日报》又发表评论员文章《认真繁殖保护水产资源》。4 月 24 日《光明日报》发表文章《加速渔业生产的发展》。

9 月 28 日，国家物价总局、商业部、国家水产总局发出《关于提高猪肉牛肉、羊肉、水产品、鲜蛋等销售价格的通知》。10 月 24 日新华社报道：国务院从 1979 年 3 月起，陆续提高了粮食、油脂油料、棉花、生猪、菜牛、菜羊、鲜蛋、水产品等 18 种主要农产品的收购价格。据国家物价总局计算，以上产品的收购价格，平均提高 24.8%；由于提价，预计 1979 年可使全国农民增加收益约 70 亿元。

1979 年 10 月，国务院批转国家水产总局《关于全国水产工作会议情况的报告》，正式提出“国家对集体渔业的水产品试行派购和议购相结合的政策”，派购比例一般为 60%左右，具体比例可依各地不同的情况。其余部分实行议价收购或由社队自行处理，但渔民除自食外，不搞实物分配。至此，突破了渔民除自食外必须全部卖给国家的限制，较大幅度地降低了派购比例，提出议购的新政策，实际上部分地承认了市场调节作用①。

11 月 2 日，国家水产总局负责人对《财贸战线》报记者谈水产品价格问题。12 月 1 日，国家水产总局、粮食部发出《关于上调养殖鱼回供饲料粮的通知》。12 月 10 日，国家水产总局发送《十八省市区水产局长座谈会纪要》，提出了抓好商品鱼基地建设、城郊养鱼和广大农村养鱼，加速养殖生产的发展；搞好海上第一线保鲜和加速制冰冷藏、鲜活运输设备的建设，以提高鱼货质量等措施。

1980 年 1 月 19 日，国家水产总局发出《全国淡水商品鱼基地座谈会纪要》，指出：1977 年淡水商品鱼基地建设试点以来，在长江两岸、黄河之滨，直至松花江畔已建立起 900 多个初具规模的基地点，建成集中连片精养鱼池 17 万亩，基地建设为水产事业的调整工作闯出了一条路子，为国家上调鲜鱼创造新的条件，为今后加快发展建设奠定基础。3 月 7 日，新华社记者报道《国家水产总局负责人就市场上鱼少的问题发表谈话：搞好调整，为水产高产创造条件》。

1980 年 6 月 5 日，国务院批转水利部、财政部、国家水产总局《关子水

① 《当代中国》丛书编辑部．当代中国的水产业［M］．北京：当代中国出版社，1991：105.

图 5－10　政策放宽，市场兴旺，广东省湛江市霞山水产品批发市场交易热闹

库养鱼和开展综合经营的报告》。

4 月 12 日—19 日，国家水产总局在天津市召开全国水产供销会议，对调整水产品购销政策和目前基本情况进行了研究，并进一步协调产销关系。

1981 年 5 月，国务院批转国家水产总局《关于当前水产工作若干问题的请求报告》，继续调整水产品购销政策，把二类水产品缩小到 21 个品种。还提出，南海区鱼类品种繁多，小宗分散，派购办法放权由本区自定，搞活水产品流通的步伐加快。1983 年 9 月，国务院批转农牧渔业部《关于发展海洋渔业若干问题的报告》，进一步放宽水产品收购政策，确定派购范围减至 8 种水产品，并提出把市场搞活。

国家水产总局等中央有关部委关于千方百计解决吃鱼问题、合理调整计划价格、改善市场供应、提高水产品收购价格、提高鱼货质量、商品鱼基地建设、调整水产品购销政策等一系列政策性文件的出台，对刚刚开放的广州水产品市场起到极大的支持作用，为进一步协调产销关系提供了保障。

六、全国推广广州经验

1982 年 5 月 4 日，第五届全国人民代表大会常务委员会第二十三次会议通过《关于国务院部委机构改革实施方案的决议》，决定撤销国家农业委员会，将农业部、农垦部、国家水产总局合并，设立农牧渔业部，任命林乎加为部长。农牧渔业部设水产总局、渔政渔港监督管理局，并设水产分党组。部党组成员孟宪德（副部长级，原是广东省委常委、副省长，1981 年 4 月调任农垦部副部长）任水产分党组书记。国务院于 5 月 25 日任命孟宪德为农牧渔业部水产总局局长。孟宪德在广东工作了 30 多年，1965 年起任广东省委常委，后任副省长，分管过水产工作。他任水产总局局长后，特别重视搞活水产品流通。

1982 年 12 月 13—22 日，农牧渔业部在北京召开重点省、市、自治区水产供销工作会议。会议着重研究有关解放思想，放宽水产品购销政策，搞活流通渠道，安排好水产品市场供应，加快水产供销企业体制改革步伐等问题。会议由副部长肖鹏作开幕讲话，部长林乎加在会议结束时作重要讲话，孟宪德作会议总结。肖鹏专门讲到：广东对海洋集体渔业的产品，实行购四留六，优质鱼最高议价幅度为 120%；淡水鱼除在佛山地区 21 个主产公社派购 60%，确定交售基数外，其余一律不派购，也没有最高议购限价；广州市保证每人每月 2 角钱的平价鱼，每天还有 30 万斤左右的议价鱼上市，放得比较活。孟宪德在总结中充分肯定广州市鱼市场全面开放，他说：开放前，广州水产市场上只有 16 个河鲜杂鱼品种；开放后，已经发展到 70 多个品种，全市 60 多个国营水产商店，100 多个合作水产店组，600 多户经营水产品的个体户。广州市一天到晚都有鲜鱼出售，群众说，现在是要什么有什么，要多少有多少，既有整条的，也有零售的，既有鲜鱼活蟹，又有鱼丸虾肉，品种繁多，花色齐全，应有尽有。他概括说：水产品购销政策放宽之后，必然给水产品市场带来兴旺繁荣。

1989 年 1 月 5—14 日，农牧渔业部在广州召开全国城市水产品产销工作会议。全国各大中城市主管副市长和水产部门负责同志参加会议，与会代表 200 多人。会议认为水产品是鲜活产品，现行购销政策，既压抑了渔民生产积极性，又加重了国家负担，还引起广大消费者不满。因此，提出只保留对虾、带鱼外，其余水产品都放开的意见①。

国家有关部门对广州市放开水产品市场给予了充分肯定。听了广州介绍水产市场放开的经验，有些同志怎么也不相信，怀疑是广州人搞“门面文章”。

---

① 《当代中国》丛书编辑部．当代中国的水产业［M］．北京：当代中国出版社，1991：107.

图5-11　1986年11月孟宪德（右三）在养殖场调研

待到会议组织大家一起参观海珠市场，林乎加部长看到一池池活鱼，十分高兴，随口问："平日供应也达到这个水平吗？"

"一样，完全一样！"回答的不是陪同参观的主人，而是上海市副市长叶公琦。原来，他心中早有底了。参加会议的有27个大城市的副市长，他们为了了解到真实情况，不约而同都跑到各市场看了好几趟了，有的原来认为行不通的同志，面对事实，连声说："我们真服啦！"代表们还参观了清平农贸市场、河鲜货栈。

会议围绕如何解决大中城市"吃鱼难"的问题，研究发展渔业生产、搞好水产品保鲜加工、改革水产供销体制、搞活水产品市场等有关方面的措施。林乎加部长在会上作了重要讲话，他说：我们这次会议是个现场会，以学习广州的经验为主，同时进行了各地的经验交流。根据到会的同志们反映，认为最有说服力的是广州把市场搞活的经验，活价促产，以活吸引货源，以活改善供应，不只是生产发展了，还把各省的东西都吸引来了，市场上的鱼不但是活的，而且要猛，他们叫"生猛"。这在其他城市都是少见的。结果是生产者满意，消费者满意，国家也不需要增加补贴。水产工作者在其他不少地方都是挨骂的，广州的同志也挨过骂，但现在不挨骂了，现在讲好话了。我开了个市长座谈会，许多同志发言中对照了一下，认为在放宽、搞活问题上，跟广州的差距很大，表示回去后要学习广州的经验。

会议认为，广州等城市的主要经验是：大力建设商品鱼基地，积极发展城郊养鱼；放宽政策，充分运用价值法则，吸引鱼货进城；运用多种经济形式，实行多渠道、少环节的经营方式。会议认为，要解决城市"吃鱼难"的问题，应当实行"一保二活三管"的原则，即保证现有平价鱼供应水平，放手开展议购议销，把市场搞活、管好。广州市的经验对水产品的放开起到一定的推动作用。

1984年8月3日《人民日报》发表评论员文章《让"聚宝盆"多多献宝》，评述放宽政策，充分利用大中型水域，发展渔业生产，增加社会财富。

9 月 14 日《人民日报》报道《淡水养殖产量创最高纪录》：1983 年，我国淡水养殖产量达到 142.8 万吨，居世界第一位，比 1978 年增长 87.4%，平均每年递增 13.2%，全国人民食用的淡水鱼中，80%以上是人工养殖的“家鱼”。

1984 年全国水产品总产量达到 619.34 万吨，比 1976 年的 447.61 万吨增长 38.4%。其中捕捞产量 374.38 万吨，占 60.44%：养殖产量 244.96 万吨，占 39.56%。

12 月 29 日，农牧渔业部主办的全国首届水产加工品展销会在北京开幕。全国人大常委会副委员长（1956—1968 年任水产部部长）许德琦题写会标，国务院副总理田纪云出席开幕式并剪彩。参加展销的有沿海和内地的 17 个省、自治区、直辖市 400 个单位，2 800 多种水产加工品。展销会于 1985 年 1 月 13 日闭幕，共接待顾客、观众 12 万人次，销售额达 250 万元，销售水产品 1 000多吨。

图 5－12 淡水养殖连年增产，保障了水产品的市场供应

1985 年 3 月 2—11 日，农牧渔业部在北京召开全国大中城市农牧渔业工作会议。农牧渔业部水产分党组书记、水产局局长涂逢俊在水产专业会上分析了当前的水产形势和城市“吃鱼难”的原因，讲述了大中城市的水产生产和供应状况，特别充分肯定调整购销政策，搞活市场供应。他说：大城市水产购销政策，广州市是最早开放的，他们几经反复，终于获得了成功经验，既促进了生产发展，又吸引了大量货源，搞活了市场。广州市郊县淡水养鱼，1984 年达 26 万亩，产量 50.5 万担，均比 1987 年增长一倍多，还吸引了附近顺德等县大量鱼货，市区总销量达 180 万担，比 1987 年增加 82%，一年四季，从早到晚都有各种水产品供应，而且价格稳中有降。1977 年刚放开的时候，一斤活草鱼三块多钱，反映比较强烈。但由于活价促产，生产上去，鱼多了，价格

也就降下来，现在一斤活草鱼只有一元六七，下午收市时还要低，最近把原定的每人每月补贴 2 角钱也取消了。涂逢俊提出了发展城市渔业的规划和措施，初步规划至 1990 年 46 个城市水产品产量达到 303 万吨，城区人口平均消费水平从 1983 年的 21.7 斤提高到 37.5 斤，达到营养学家提出的人均 36 斤的“理想食谱”。

七、中央决定放宽政策

国家对水产品政策，是逐步放宽的。1979 年 2 月 10 日，国务院颁布《水产资源繁殖保护条例》，在颁布条例的通知中明确指出：“水产资源是国家的一项宝贵财富，加强水产资源保护，保证其正常繁殖生长，是发展水产业的重要基础，确保渔业生产秩序，制止酷渔滥捕，保障渔业水域及水生生物免受污染，是保护水产资源的关键措施。”条例严禁围湖造田、填塘种粮等破坏生态的极左行为。条例的颁布使保护水产资源有了法律依据。为发展养殖生产，国家财政拿出专项资金扶持重点建设海淡水商品鱼、虾基地，并对饲料、化肥等多方面作出扶持的规定，在几十个城市建设城郊渔业，发展养殖基地。

1979 年 4 月 29 日，国务院批转国家水产总局《关于全国水产工作会议情况的报告》(国发〔1979〕119 号)，指出：“水产是国民经济中不可缺少的一个重要组成部分。我国有辽阔的海洋和内陆水面，水产资源丰富，发展水产事业的条件很好。但是，它的重要性，至今还没有被我们一些同志所认识，这些年来，水产品产量和质量都远远不能满足人民生活和社会主义建设的需要。这种状况必须尽快改变过来。各地要切实加强对水产工作的领导，全面地、完整地执行农林牧副渔五业并举的方针。各有关部门也要积极支持渔业生产，努力把水产事业搞上去。”国家水产总局的报告提出近期应采取的方针包括“提高产品质量，改善市场供应”，并提出“水产供销部门要及时做好水产品的收购、加工和调运。要严格质量标准，运用价值规律，坚持以销鲜冷冻品为主，促进鱼货质量的提高。减少经营环节，逐步实行按经济区域划片供应。要积极组织生产单位同零售单位直接挂钩，或产销直接见面，供应鲜活水产品。”

1979 年 9 月 28 日，中共十一届四中全会通过《中共中央关于加快农业发展若干问题的决定》要求：“合理利用水产资源，加速渔业生产，增加水产品产量。……要逐步建成一批渔业基地。在城市郊区也要大力发展各种水产养殖事业，有条件地推广工厂化养鱼、养虾。”

1982年3月10—22日，全国淡水渔业工作会议在北京召开。会议由国家农委主持，国家水产总局、水利电力部具体筹备。参加这次盛会的来自29个省、市、自治区的代表，共商发展淡水渔业的大计，是中华人民共和国成立以来第一次。与会代表认真学习中央领导同志关于发展淡水渔业的指示，交流经验，着重讨论加速发展淡水渔业的方针、政策、措施，决心振奋精神，努力争取在八十年代末或稍长一点时间，实现党中央提出的生产淡水鱼四五百万吨的奋斗目标。

1982年10月17日，中共中央、国务院发出批转农牧渔业部《关于加速发展淡水渔业的报告》的通知。指出：当前，鱼是各种副食品中最紧缺的，城乡到处吃鱼难。必须在抓紧粮食生产的同时，发展畜牧和水产业，逐步而适度地改变居民的食物构成。希望各级党委和政府要像“重视耕地一样重视水面的利用”，力争实现全国年产淡水鱼四五百万吨的目标，缓解“吃鱼难”的矛盾，并配合农、林、牧、副、工等其他各业的发展，使农民尽快地富裕起来。农牧渔业部在报告中提出：要落实水面使用权，长期使用不变。国家只对国营渔业生产单位和商品鱼基地的产品实行派购政策，其他社队养鱼和社员家庭养鱼，一般不派购。并且首次在农村规定，由养鱼能手承包较大面积的水面，经过批准，可以吸收3～5个学徒或帮手搞小业主式的经营。新华社于10月29日报道了这个通知。《人民日报》于31日发表社论《淡水渔业要有个新发展》。

1983年9月1日，国务院批转农牧渔业部《关于发展海洋渔业若干问题的报告》的通知指出：要千方百计提高水产品的质量，搞活流通渠道，改善市场供应，尽快解决城乡人民“吃鱼难”的问题。

1984年1月1日，中共中央发出《关于1984年农村工作的通知》（中发〔1984〕1号文件）。指出1984年农村工作的重点是：在稳定和完善生产责任制的基础上，提高生产力水平，梳理流通渠道，发展商品生产。文件强调，要继续调整农副产品购销政策，继续减少统派购的品种和数量；鲜活产品要尽量放活，以活促产，减少腐烂损耗；三类产品和统派购任务外的产品的价格要真正放开；经营中要尽量减少环节，组织产区、销区直接流通。

1984年7月19日，国务院批转国家体改委、商业部、农牧渔业部《关于进一步做好农村商品流通工作的报告》，要求各级政府要切实加强领导，一手抓生产，一手抓流通。报告提出“调整农副产品购销政策”，指出：现在，淡水鱼已全部放开，实行多渠道经营。价格稳中有降，现在派购的八种海水鱼，也要逐步放开。国营水产部门可在主要港口和水产品集散地建立贸易货栈或水产市场，产销直接见面，自由购销，并进行吞吐调剂，平抑鱼价。对京、津、沪三大城市和军特需、出口用鱼、国营水产部门可用渔需物资与渔民协商换购。

1985年3月11日，中共中央、国务院发出《关于放宽政策、加速发展水产业的指示》（中发〔1985〕5号文件）。文件分以下10个部分：（1）端正水产工作的指导思想，明确方针任务；（2）大力发展水产养殖业；（3）正确部署捕捞生产；（4）继续完善各种形式的联产承包责任制；（5）搞好水产品保鲜加工；（6）调整水产品购销政策；（7）改革国营水产企业的经营管理体制；（8）加强水产科技教育工作；（9）广辟资金来源，学会新的理财之道；（10）各级党委和政府要加强对水产工作的领导。

图5-13　鲜鱼满档口　市民乐争购

这个文件自1984年2月中央书记处责成农牧渔业部起草之后，农牧渔业部组成文件起草小组，通过深入调查，反复研究，文章易稿17次，历时一年，并经中央书记处两次听取汇报和讨论。12月26日，胡耀邦等中央领导听取农牧渔业部汇报，再次讨论《中共中央、国务院关于放宽政策，加速发展水产业的指示》（代拟稿），定稿下发。这是30多年来中共中央、国务院第一次单独为水产业发出的联合指示。文件中把发展水产业作为调整农村产业结构，促进粮食转化的一个战略部署，确立了水产业的地位。文件明确提出：中国渔业发展要实行“以养殖为主，养殖、捕捞、加工并举，因地制宜，各有侧重”的方针。在政策上，明确了养殖业承包大户及捕捞业以船为基本核算单位的合法性；规定水产品价格全部放开，实行市场调节；规定产供销、渔工商、内外贸可以综合经营；还肯定了发展远洋渔业的方向等。这一系列方针、政策的调整，使中国渔业发展迎来了一个新高潮，进入了一个新的发展阶段。

1985年3月24日，《人民日报》发表《中共中央、国务院关于放宽政策，加速发展水产业的指示》（中发〔1985〕5号），并发表评论员文章《加速发展水产业》。

1986 年 1 月 22 日，《人民日报》配合《中华人民共和国渔业法》的公布实施，发表评论员文章《以法兴渔　以法治渔》。文章指出，随着农村产业结构的调整和城乡消费水平的提高，渔业生产在我国国民经济和人民生活中的地位越来越重要。在相当长一段时间里，由于对渔业经济的客观规律认识不足，造成方针政策上的一系列失误，使我国渔业生产成为国民经济中的一个薄弱环节，城乡人民“吃鱼难”的呼声越来越高。在近几年农村改革中，上上下下认真总结过去的经验教训，逐步端正加速发展渔业的指导思想，明确了生产方针、经济政策、技术措施，以及加强资源保护、管理的办法，在实践中取得了显著成效。新制定的渔业法立足于鼓励、扶持、促进渔业的进一步发展，将这几年已为实践证明是正确的方针、政策、经验、做法，用法律形式固定下来，使之具有权威性、稳定性和连续性，这对振兴我国的渔业，将产生深远的影响。《中华人民共和国渔业法》是中华人民共和国成立以来制定的一部渔业基本法，充分体现了以法兴渔、以法治渔，“放宽、搞活、管好”的精神。

政策放开后，水产品城乡集市贸易兴旺，商贩经营活跃，货源供应得到保证，城市吃鱼难的问题大大缓解，多年来城市凭证定量供应、品种单一、质量不好、有价无货的现象基本消失了。

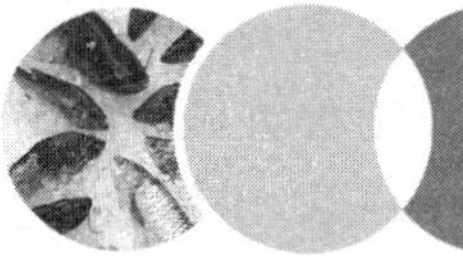

第六章

促进：渔业生产掀热潮

1982年，全国淡水渔业工作会议明确了落实养鱼水面使用权、完善生产责任制等政策。此后，在改革、开放、搞活政策的指导下，国营、集体和个人一齐上，发展养鱼生产热火朝天[①]。

随着水产品价格的放开，广州市郊区和附近养鱼人的积极性被调动起来了，塘鱼生产节节上升，产量迅速增加。1980年3月28日广东省委、省政府联合作出《关于大力发展水产养殖业的决定》，指出：发展水产养殖业投资少、成本低、见效快、收益大，对巩固和壮大集体经济、增加社员收入，改善市场供应，增加出口，多创外汇以及促进粮食和经济作物的发展等方面，均有重大的作用。《决定》要求，必须采取正确的政策和有力的措施，大力发展淡水和海水养殖，力争在三五年内取得比较显著的成绩。《决定》强调加强水产商品基地建设，积极发展城郊养鱼，扩大水产品出口。

1981年3月10—13日，广东省水产厅召开全省淡水养殖工作会议，进一步落实省委、省政府《关于大力发展水产养殖业的决定》。省委书记王德讲话，厅长谢永宽在大会上作工作报告。6月，省水产厅在广州市郊区江村公社召开全省家庭养鱼现场经验交流会，13个单位介绍了发展社员家庭养鱼情况和经验。这一系列工作，促进广东掀起发展水产养殖业的热潮，水产品供应大有起色，市场活跃。

一、塘鱼基地生产热情高涨

珠江三角洲中心地区（俗称“小三角”）为塘鱼主产区，1982年，包括顺

---

① 《当代中国》丛书编辑部．当代中国的水产业［M］．北京：当代中国出版社，1991：224．

德县的大良、桂洲、伦教、北滘、乐从、均安、杏坛、勒流、龙江、容奇镇；中山县的东风、南头、小榄、古镇；南海县的九江、南庄、西樵、沙头镇；新会县的荷塘、棠下镇以及鹤山县的古劳镇，共5县、21个镇。这个地区历年都为国家提供大量商品鱼，其比例占当年塘鱼产量85%以上。

塘鱼购销政策改革后，珠江三角洲塘鱼主产区养鱼收入增加，生产热情高涨，水产养殖业快速发展。

（一）建设养鱼基础设施

1982—1986年，中央、省、县、镇四级共投资1 897万元，兴建养鱼饲料厂21间，年产饲料2.1万～3.15万吨，加上粮食、食品、商业、外贸等部门提供的饲料，1987年达到22万吨，基本保证了养鱼生产需要。省政府为主产区增加了24名水产科技干部编制，使这些县都成立了养殖技术推广站；在21个镇中，每个镇都安排了3～5个养鱼技术员，成立镇一级技术推广站；在乡村一级按400～500亩池塘，配备1～2名不脱产渔技员，层层加强养鱼技术工作，初步形成一个科学养鱼普及网络，把科研机构的科技成果转化为生产力。

图6-1 罗非鱼养殖产量高、效益好

（二）调整养殖品种结构

1978年以前，塘鱼主产区养殖的鲢、鳙鱼约占产量的50%，单产100千克；鲮鱼占35%，单产70千克；畅销的鲩鱼占10%，单产20千克；其他鱼占5%，单产10千克。塘鱼购销政策改革后，根据市场需求，调整了养殖品种结构，使塘鱼生产向适销对路、优质名贵方向发展。第一是调整四大家鱼产品结构比例，使过去以“滤食性鱼类”为主逐步趋向“投食性鱼类”为主。经过几年调整，到1985年鲩鱼单产提高到95千克，占25%；鲢、鳙鱼单产保持在约100千克，比例下降到27%；鲮鱼单产提高到114千克，比例下降到30%；其他鱼单产增加到68千克，比例达18%。“七五”期间，争取上述各类鱼各占25%。第二是推广养殖优良新品种。1980年开始推广良种罗非鱼，此后，又推广杂交鲤、银鲫，池塘普遍混养这三种鱼，还混养鳊、鲂鱼。1985

年，上述混养品种已占塘鱼产量的15%，平均每亩产57千克。既增加塘鱼产量，提高经济效益，又丰富市场供应。第三是发展优质名贵鱼虾生产。除增加传统养殖的生鱼、胡子鲶等优质鱼养殖，积极试养其他名贵品种，如鳗鱼、罗氏沼虾、鲈鱼（加州鲈、尖吻鲈、花鲈）、鳜鱼、鳖等。池塘混养鳗鱼，1986年放养50多万尾。

（三）开展高产技术试验

1978年以后，全国池塘养鱼面积成倍扩大，但高产池塘面积有限，多数地方单产和总产提高不快。为了解决这个问题，各地开展了高产性活动，大力推广和普及高产技术①。

1982年开始组织水产技术干部与养鱼户挂钩，开展"鱼塘高产工程实验"，探索鱼塘到户经营后的高产途径和综合技术措施。在此基础上，广东省水产局组织顺德县水产畜牧局、珠江水产研究所、上海渔机所等单位，在勒流镇进行为期三年的"珠江三角洲万亩连片池塘高产综合技术试验"，采取咨询、培训等办法，实施主攻草鱼，早育鲮鱼，多品种混养，合理密养、轮养、套养，推广组织疫苗防治草鱼病技术，合理利用颗粒饲（肥）料，应用渔业机械增氧和改善水质等技术，从1983年开始试验，当年平均亩产达到627千克，纯收入577元，比1982年平均亩产量增加227千克，纯收入增加197元；1984年平均亩产又提高到696千克，纯收入625元。这个项目提前一年完成了试验任务，先后获得1986年广东省科技进步一等奖和1987年国家科技进步二等奖。

通过这一大规模的富有成效的试验，探索出池塘高产的系统技术、池塘生态理论基础、高产技术数据和生产管理具体措施，在全省推广应用，其中佛山市推广9.4万亩，每亩增产60千克。1985年高产片达16.3万亩，单产475千克，增产45千克。1985年又扩大到19.7万亩。养鱼高产示范活动，促进珠江三角洲塘鱼提高单产，其中佛山市两年增加81千克，增长27%。全市单产500千克的鱼塘超过15万亩，单产1 000千克的高产塘各县都有，单产1 500千克的高产塘也出现了。

到1987年，塘鱼主产区养鱼总产22.7万吨，分别占全省的22.8%和39.6%，平均亩产493.5千克。其中顺德县养鱼产量13万吨，平均亩产500

---

① 《当代中国》丛书编辑部．当代中国的水产业［M］．北京：当代中国出版社，1991：251.

千克，实现了全省第一个最大面积亩产千斤县，以 1979 年总产和亩产为基数，8 年间的总产和平均亩产，分别每年增加 8 622 吨和 32 千克，前后对比总产和单产分别增长 13 倍和 8.8 倍。

二、广州郊区大力发展养鱼

荒水茫茫无人问，养鱼得利万人来。放开鱼价，极大地调动起城郊养鱼的积极性，促进了养鱼生产的发展。过去，低价统购，养鱼亏本。尽管一直号召开展城郊养鱼，会议不知开了多少次，发出了多少投资和物资，多少水产干部下乡蹲点，支持、协助、动员社队养鱼，但社队仍然没有积极性，鱼产量一直上不去。而议购议销一纸公文下发，就产生了显著效果。1979 年广州市塘渔产 21 万担，比 1978 年增产 17%。1979 年，广州市革命委员会批转了广州市水产局《关于发展城郊渔业生产的报告》，实行一套适合广州市渔业发展的政策，规定非基地塘鱼、河鲜杂鱼不派购；推行联产承包责任制，允许包、标到人到组；允许生产队在保证完成粮食征购任务的前提下，利用低洼低产田挖塘养鱼，建设塘鱼商品生产基地。在生产措施上，开展种苗、饲料等配套建设；普及养鱼知识，推广先进技术，发展家庭养鱼。

图 6-2 在番禺县建设的塘鱼商品基地

（一）建设塘鱼商品基地

1979 年至 1980 年初，广州市郊区又新挖鱼塘 9 480 亩，比原有鱼塘增加

20%。石井公社1980年有鱼塘2 400亩，1982年再挖3 000亩。钟落潭公社马沥大队第四生产队一个队委自己偷着挖了一口小鱼塘，除自食外又偷着卖了80元，被本队社员发现后，有的叫他交代，有的还要他交公。后来队委会议讨论决定：不要他交公了，大家都可以挖。于是16户人家中有14户挖了14口小鱼塘。公社书记知道了，表示同意归社员所有。此事说明，广大社员也渴望挖小鱼塘，自养自食自卖，增加社员收入。从全市情况看，广大农民的养鱼热潮已逐渐掀起，大幅度增产塘鱼的时期来到了。

只要政策对头，渔业必能来个大发展。广州市从1980年开始，在花县的炭步、新华，番禺县的新垦和郊区的神山等地建设塘鱼商品基地。基地建设的原则是民办公助，每建成1亩水面鱼塘，由国家补助基建费200元；基地配套鱼苗塘，每亩补助基建费400元。每年建成的塘鱼基地，由市水产公司与有关公社签订合同，规定向国家交售塘鱼任务。合同规定，投产第一年，每亩水面交牌价塘鱼25千克，第二年交售50千克，第三年交售100千克，三年后另行协商。每交售1千克牌价塘鱼，国家奖售1千克牌价饲料粮。利用稻田建塘后，公购粮任务以鱼顶粮办法解决，交多少顶多少，不交不顶。

1982年，广州市塘鱼商品生产基地面积增至10 426亩，其中鱼塘面积9 854亩，鱼苗塘574亩。塘鱼商品生产基地收购实绩4 993担，为合同规定应收购计划的48%。1983年，由国家投资建设补助、纳入广州塘鱼商品基地计划的1.09万亩。至1984年，塘鱼商品基地建设基本停止。主要原因是：交售牌价与市场价差价太大，依照渔民要求，经市政府同意，取消塘鱼商品基地合同，返还国家投资，产品由渔户掌握。

1980—1984年，广州建成塘鱼商品基地共13 012亩，其中配套设施鱼苗塘883亩。塘鱼商品基地共向国家交售塘鱼1 160吨。发展塘鱼商品生产，增加收入，促进了农村经济的发展。

花县原有鱼塘5 800多亩，经过几年的改建，将旱涝不保收的稻田改为鱼塘，使农业生产结构更趋合理，到1987年底，全县已发展到31 800亩，比原来增加4倍多。

（二）养殖面积不断扩大

1981年，广州市水产养殖面积达15.9万亩，其中鱼塘6.7万亩，分别比1978年增加3.5万亩和2万亩。家庭养鱼发展到3万多亩，3万多户，占总农户的5%。

1982 年，广州市水产养殖面积增至 16.97 万亩，比 1981 年增加 1 万亩，其中新建鱼塘 2 170 亩。在建设塘鱼商品基地的同时，鼓励社员发展家庭养鱼。1982 年家庭养鱼达 4.1 万户，养殖面积从 1981 年 3 万亩增加到 4.7 万亩。淡水养殖业进一步落实多种形式的联产承包责任制。全地区鱼塘 95%承包到人到组，发展了重点户、专业户，出现了专业联合承包和养鱼致富的万元户。

1983 年，广州市继续大力发展淡水养殖，扩大放养水面，提高了单位面积产量。全年广州地区鱼塘面积建设达 10.62 万亩（其中社队 9.53 万亩；由国家投资建设补助、纳入广州塘鱼商品基地计划的 1.09 万亩），比 1982 年增长 8.9%，比 1978 年增长 81.6%。由于完善养鱼承包责任制，延长鱼塘承包期，鼓励社员积极整治鱼塘，发展商品经济；同时大力普及养鱼知识，提高养鱼技术，开办养鱼技术培训班，建立养鱼技术咨询点，搞好鱼病防治；加上大力加强饲料、种苗配套建设，提供技术服务。因此各社队积极发展池塘养鱼，同时发展家庭养鱼，全地区家庭养鱼已达 5 万户、5.8 万亩。

图 6-3　连片万亩养鱼基地

1984 年，广州市淡水养殖面积比 1983 年扩大 3.4 万亩，达到 25.34 万亩，其中成鱼塘 12.55 万亩，比上年扩大 1.94 万亩；举办了各种类型的养鱼技术培训、讲座，普及了科学养鱼知识，实行了多品种、多级混养和轮捕轮放，按市场需求进行生产；开展了 7 个县、区的鱼塘高产示范点和 2 个县的连片鱼塘高产活动，开始采用鲩鱼土法免疫液注射和药物颗粒渔饲防治鲩鱼病，促进了塘鱼生产的发展。

（三）养殖产量大幅增加

鱼价放开的改革，给水产业注入了新活力，生产获得前所未有的大发展。1987年全国水产品总产量达955万吨，比1976年增加1.1倍，比1949年增长20倍。中国成为世界上淡水渔业和水产养殖业均占首位的国家①。

1981年，广州市淡水养殖总产量28.5万担，比1978年增长56.5%。

1982年，广州市淡水养殖总产量33.4万担，比1981年增加4.9万担，增长17%。

1983年虽然遇到三次大洪水，五分之一的鱼塘受灾，但养殖总产量仍达42.2万担，比1982年增长12.4%，比1978年增长103.8%。

1984年淡水养殖有较大的发展。塘鱼全年总产量达到57.2万担，比1983年增长35.5%，其中鱼塘产量48.4万担，比1983年增长33.8%；成鱼塘平均亩产385斤，比上年增加45斤，单产增长13.2%，鱼塘总产和单产均创历史最高水平。

三、珠江三角洲建设新基地

珠江三角洲包括广州、佛山、深圳、珠海、中山、江门、肇庆、惠州、东莞等市及所管辖的20个县，即大三角洲地区。珠江三角洲除了塘鱼主产区5县和城市郊区，还有番禺、增城、高要、四会等15个县，由于地形比较复杂，池塘面积较少。《关于大力发展水产养殖业的决定》要求，进一步扩大和改造珠江三角洲塘鱼商品基地，现有43万亩塘鱼基地中的24万亩低产塘要改造成为稳产高产鱼塘，使全部鱼塘平均亩产由400斤提高到550斤。同时在斗门、三水、广州市郊区、番禺、花县、增城、高要、东莞、高鹤、新会、中山等县市（郊区），在不减少粮食总产量的前提下，结合低产田的改造，“挖坑抬田”，建设塘鱼新基地。

（一）斗门县“挖塘抬田”

珠江三角洲各县通过渔业资源调查和渔业区划工作，摸清了荒水、荒地分布和利用情况，各地在调整农业布局和发展创汇农业中，都因地制宜，开展挖

① 《当代中国》丛书编辑部．当代中国的水产业［M］．北京：当代中国出版社，1991：114.

塘抬田，蓄水养鱼，使这些县淡水养鱼业也发展起来，成为新兴的商品鱼基地。

图 6-4　在城市近郊建设高标准养鱼池

如地处珠江口的斗门县，全县 42 万亩耕地有一半以上比珠江常年水位低 0.2～0.8 米，经常遭到洪涝灾害失收。

1979 年开始，斗门县党政领导，通过总结白蕉新三大队多年坚持不懈地采取挖塘抬田，综合治理水土资源，使种养业全面大发展的经验，在全县加以推广。到 1987 年，全县池塘面积由 1979 年 8 595 亩扩大到 40 850 亩，塘鱼产量由 1 158 吨激增到 12 285 吨，不仅满足当地市场需要，而且还有大宗商品鱼供应珠海、深圳、香港、澳门等城市。由于采取了挖塘抬田的办法使 20 多万亩低洼地提高了 10～20 厘米耕作层，降低了地下水位，改善了生产条件，使水稻单产由过去 350 千克提高到 700 千克，实现了鱼农双丰收，农民收入成倍增加。

（二）城市发展城郊养鱼

珠江三角洲内还有广州、佛山、深圳、珠海、中山、江门、肇庆、惠州等城市和附近的城镇，约有人口 1 000 万以上，因此发展城郊养鱼，供应市场需求，在当时也是一个重要任务。1984 年 1 月农牧渔业部在广州召开全国城市水产品产销工作会议。会后，省水产局相继在广州、佛山等城市，多次召开会议，贯彻农牧渔业部会议精神，加强领导，增加投入，做好种苗供应，推广高产技术经验，使城郊养鱼逐步发展。到 1987 年上述 8 市养殖面积 49.5 万亩，总产量 12.4 万吨，比 1978 年增长 78.7%和 251%，改善了城市水产品供应。据广州市水产公司统计，1987 年销售水产品 11 万多吨，其中淡水鱼占 68%。水产品占鱼、猪、禽、蛋的比重，由 1980 年的 35.7%上升到 1987 年 44.28%，供应形势得到显著改善。

（三）珠三角养鱼大发展

1987 年，珠江三角洲淡水养鱼面积 179.8 万亩，产量 45.8 万吨，分别占全省的 43%、72.2%和全国的 3.1%、13.3%，比 1957 年养殖面积和产量，分别增加 68 万亩和 35.4 万吨，分别增长 61%和 342%。淡水养鱼业产值占大农业产值约 30%左右，塘鱼主产区占 40%左右，一些重点县及乡镇则占 50%以上。塘鱼产品以及年产 8 000 多吨河鲜名贵产品，除敞开供应广州、佛山、深圳、珠海、江门、肇庆、惠州等城市，年供应港澳 2.5 万～3.3 万吨，“南鱼北运”到我国北方城市的水产品也达数万吨以上。

表 6－1　1978—1987 年广东省池塘养鱼发展情况

年度	面积（亩）	产量（吨）	占淡养产量比重（%）	亩产（千克）	当年扩大池塘（亩）
1978	1 009 424	166 756	92.4	165.2	
1979	1 047 854	183 711	92.6	175.3	38 430
1980	1 134 815	193 087	92.2	170.1	86 961
1981	1 193 646	216 733	91.9	181.6	58 831
1982	1 285 465	256 598	91.5	199.6	91 819
1983	1 366 269	297 430	91.0	217.7	80 804
1984	1 563 897	365 045	91.5	233.4	197 628
1985	1 797 945	445 618	91.4	247.8	234 848
1986	1 920 937	508 725	91.4	264.8	122 992
1987	1 937 757	564 174	90.7	291.1	16 820

四、推动山区建设养鱼基地

广东省内陆山区包括南雄、怀集、高州、梅县等 46 个内陆山区县。这些县山多，交通不便，养鱼水面少而分散，每个村舍有一口或几口村边塘，由于鱼苗供应十分困难，只孵化些鲤鱼放养，面积小，产量低。建国后随着水利事业的发展，山区兴修了大量山塘水库，水面不断扩大，加上交通条件改善，四大家鱼人工繁殖成功，引进了一些良种，为山区养鱼业发展创造了有利的条件。但是，在“以粮为纲”路线干扰下，山区养鱼发展很慢，1978 年统计，广东 46 个山区县共利用水面 62.4 万亩，总产 21 573 吨。按当年山区 2 100 万人口计，人均仅有 1 千克，吃鱼十分困难。

到 1983 年，广东省淡水鱼产量达 34 万吨，比 1978 年 19 万吨增产 15 万吨，增长 79%。全省人均年占有淡水鱼产量，从 3.8 千克上升到 6.0 千克。群众吃鱼情况有了明显改善，特别是大城市“吃鱼难”已得到解决。但是，由于历史和工作的原因，淡水渔业生产发展很不平衡，淡水鱼产量主要集中在珠江三角洲地区，人均年占有量 15.5 千克。其他 80 个县市，人均年占有量仅 2.0 千克。内陆丘陵山区，人均年占有量不到 1.5 千克的内陆县就有 10 多个。有些县只有 0.5 千克，平均每人一年也吃不上一条鱼。很多山区群众只能在逢年过节时才能吃到鱼。山区人民随着温饱问题的解决，要求改变食物结构、增加鱼肉蛋白质的呼声越来越高。

（一）山区发展养鱼有利条件多

为了发展山区养鱼，广东省水产局组织调查研究，认识到发展山区养鱼，也有较好的条件：

——现成水面和潜在水面多。山区山塘水库星罗棋布，荒地废涌到处都有。这些资源，加以整治，就能利用。群众建房取土也挖掘出不少可以养鱼的小塘凼。英德县望埠区石门楼村 20 户农民，1980 年冬利用荒山涌、山脚荒地筑坝挖塘，共建造鱼塘 2.39 公顷。1983 年，全村生产鲜鱼 6 500 千克，既解决了群众吃鱼问题，又增加收入近 1 万元。全省很多地方均具有类似石门楼的自然条件。

——养鱼饲料容易解决。山区青草丰茂，粪肥较多，可以采取传统的农家肥饲料养鱼。在粮食比较充裕的地方，可推行精饲料养鱼，把吃不完的粮食变为鱼肉，使碳水化合物转化为蛋白质。总之，饲料来源很多，选用范围很广。

——山水充足，可推行流水高密度养鱼。高州县马贵区有个农民，挖了一口 4.6 平方米的水凼进行长流水密养。养鱼 13 个月，收获鲜鱼 47.5 千克，折合亩产 6 000 多千克。其中鲩鱼平均每尾重 2.5 千克多。像这样的典型，在当地许多地方都有。群众说："引来清泉水，小凼养大鱼。"

（二）发展山区养鱼的规划和措施

为了从根本上解决山区人民"吃鱼难"的问题，广东省水产局通过调查研究，于 1984 年提出了发展山区养鱼的规划和措施，根据山区的资源情况和运输条件，解决群众吃鱼难，应该立足于本地生产，合理布局，就近鲜销。发展山区养鱼，既能解决群众吃鱼问题，又可增加经济收入。淡水养鱼投资小，周期短，见效快，收益大，是山区致富的一条好门路。文件由省农委转发各市、地、县人民政府研究贯彻。

1985 年 1 月，省水产局在韶关市召开全省山区养鱼工作会议，提出大力发展山区养鱼，争取到 90 年代初，实现山区人均占有鱼产量 10 千克。省委、省政府在同年 5 月就贯彻党中央、国务院《关于放宽政策、加速发展水产业的指示》作出决定，明确山区以县为单位，1990 年人均占有鱼产量应不少于 10 千克。在同年 11 月召开的全省山区工作会议上，省长叶选平明确指出，要力争三五年内解决山区"吃鱼难"问题。

图 6－5　在山脚下建设鱼塘

为此，省水产局提出分三个层次解决山区人民"吃鱼难"的设想：先解决县城和大工矿区，再解决其他墟镇，然后是广大农村，分类指导，同步开展，分期实现。1986 年 9 月，省农委又向各级人民政府转发了省水产局《贯彻省委、省府关于大力发展山区养鱼指示的意见》。

（三）发展山区养鱼的主要途径

广东省发展山区养鱼的主要途径是：

1. **发动千家万户开展家庭养鱼。**韶关市为了鼓励农民利用荒山涌、荒地发展家庭养鱼，1984 年初制定了“谁挖谁养，使用权长期不变，可以继承，可以折价转让，产品可以自行处理”的政策；并规划到 1990 年，全市家庭养鱼发展到 32 万户，占总户数的 50%，鲜鱼产量 2.6 万吨，平均每户 80 千克。发动千家万户养鱼，意义重大。虽然每户只有一分或几厘水面，但积少成多，而且精养高产，加起来的产量是很可观的。连南县寨南区 1993 年家庭养鱼已发展到 916 户，占总农户数的 60%，鱼产量 45 650 千克，平均每户近 50 千克。全省山区约有 400 万农户，如果有一半农户开展家庭养鱼，平均每户 30～40 平方米水面，产鱼 50 千克，就是 1 万公顷水面，总产 10 万吨鱼。山区半数的群众就基本解决了吃鱼问题。

图 6-6　利用山区优质水源发展特种水产养殖

2. **大力发展山塘水库养鱼。**全省有山塘水库 6 万多宗，水面 20 万公顷，多数分布在丘陵山区。这些水面，尚未全部利用。已利用的水面，单产还很低，1983 年才 11.1 千克。大量水面还处于丢荒半丢荒状态，资源潜力很大。有些水面，特别是山塘和小水库，稍加整治配套就能养鱼，稍加管理就能增产，乐昌县金鸡水库管理所落实了水库养鱼生产管理责任制，建设鱼种塘，种植象草，网拦库湾养鱼。1983 年鱼产量 13 万千克，比 1981 年以前年产量

1 000～1 500 千克增长近 10 倍；平均亩产 26 千克，盈利 1.5 万元。揭阳县新亨区北良乡农民徐代流，从 1981 年起承包了一口 16 亩的山塘，在塘边种饲料喂猪，猪粪下塘养鱼，连年获高产。这口过去年产量仅 175 千克的小山塘，1983 年生产鲜鱼 7 890 千克，平均亩产 493 千克，盈利 11 300 元。

3. **恢复和发展稻田养鱼。**广东省稻田养鱼历史悠久，在山区分布较多。1983 年，全省稻田养鱼 4 000 公顷。农田水利条件的改善，生产责任制的落实以及新典型、新经验的出现，为发展稻田养鱼提供了有利条件。实践证明，稻田养鱼具有稻鱼共生、种养相济、互相促进、良性循环的优点，“稻田养鱼鱼促稻，稻谷增产鱼丰收”。广东省山区人多田少，如何开创一条既能保证食粮，又能解决“吃鱼难”问题的途径，这是十分现实的。利用稻田养鱼，就是这种途径的一种形式。乐昌县在鱼稻兼作方面取得了经验，1983 年稻鱼兼作 1 200 公顷，生产鲜鱼 20 万千克，培育大规格鱼种 20 万尾，养鱼收入达 60 万元。全省山区稻田养鱼，如果发展到 6.7 万公顷，单产 20 千克，就有 2 万吨鱼产量。

4. **建设城镇和工矿区商品鱼基地。**山区的城镇和工矿区是人口比较集中的地方，为了改善鲜鱼供应，保证稳定货源，可以适当建设一些商品鱼基地。仁化县为了解决城镇吃鱼问题，在镇郊建设了商品鱼基地。1983 年年城镇人口平均吃鱼达 13.5 千克，吃鱼问题已基本解决。仁化县的做法值得借鉴。如果每个城镇和工矿区都建一批商品鱼基地，每万人 500 亩，平均亩产 250 千克，就可基本解决吃鱼问题。

（四）山区养鱼蓬勃发展成效显著

在各级党政领导和有关部门的支持下，山区养鱼蓬勃发展。1986 年，全省内陆山区县淡水养殖面积达 5.79 万公顷，鱼产量达 74 955 吨，人均占有量达 3.7 千克。两年时间，面积扩大 8 500 公顷，增长 17%；产量增加 24 886 吨，增长 50%；人均占有量提高 1.1 千克，增长 43%。还有 17 个县城和 44 个乡镇提前达到人均吃鱼 10 千克。

“七五”时期，在各级党委和政府的重视和支持下，广东省山区养鱼蓬勃兴起。1990 年，全省内陆山区 44 县（区）养鱼面积达 6.7 万公顷，鱼产量 15.3 万吨，比 1984 年面积扩大 1.4 万公顷，产量增加 9.3 万吨，增长 156%，超过了全省渔业生产发展速度。全省山区人均占有鱼产量达 6.6 千克，有 11 个县提前或如期实现人均占有鱼产量 10 千克目标。

五、促进水产业全面发展

广州水产品供应，历来靠各地调进。郊县则自产自销。1982 年放宽了群众海洋渔业产品的购留比例，把渔业社队购五留五改为购四留六；恢复了广州郊区塘鱼派购，各地区认真执行调拨计划，经营水产品的广州水产公司积极组织货源，市场牌、议价水产品增加。市区全年牌价供应 60.6 万担，比 1981 年 47 万担增长 28.9%。议价供应 63 万担，比 1981 年增长 12.5%。牌议价共 123.6 万担，比 1981 年增加 20.6 万担，增长 20%（未包括农贸市场销售部分）。

图 6-7　1982 年，清平路农贸市场销售的水产品品种繁多

（一）增加销售网点

广州水产品销售，主要靠各区肉菜市场，其次是市水产公司属下的一德、为民、永兴三个基层店（一德基层店为国营企业）、13 个门市部。为民、永兴基层店是集体所有制企业，拥有 25 个门市部。上述共 38 个门市部，分布在全市各区、街。这些门市部主营水产品，兼营部分猪副杂品。1982 年加强对货栈管理，货栈经营坚持以本行业为主、本市销售为主，薄利多销，有赔有赚的原则，在全国各地组织商品对流串换。市河鲜货栈提供河鲜杂鱼给水产进出口公司出口，以出养进，购回广州适销的冰鲜，以牌价回销广州，为国家创汇 300 万美元。

1982 年，进一步实行多条流通渠道，个体经营的水产品摊档发展得更多，水产市场日益兴旺。与此同时，开放了市区农贸市场，恢复和发展了个体经营，1981 年市区有农贸市场 29 个，经营水产品的个体摊档 600 多户。另外，发挥广州作为水产品集散地的优势，1981 年 8 月成立市水产进出口公司，组织部分河鲜杂鱼出口，冰鲜鱼杂进口，补充调剂广州市场。实行以上措施后，1981 年市水产公司牌价销售 47 万多担，议价 56 万担（不含农贸市场和农民自销的部分)。

(二)壮大渔业公司

广州市海洋渔业公司基地，坐落在南郊官洲岛，到1981年已初具规模，拥有职工1 403人，渔轮25艘、7 500总吨，1.5万马力。1981年捕捞总产量为17.3万担。1979—1981年为广州市提供牌价鱼46万担。

1981年，根据广东省人民政府调整体制的决定，将国营南海水产公司部分职工2 578人，生产渔轮20艘，渔业辅助船7艘，划归广州市海洋渔业公司管理。(1982年1月，根据广东省政府决定，省属南海水产公司调整体制，一半船只、人员从海南岛迁入广州，合并到市海洋渔业公司。)此后，广州市海洋渔业公司基地得到了进一步扩大，拥有300总吨、600马力的渔轮一批，2 000吨级、3 800马力冷藏加工运输船1艘，其他辅助船7艘，组成年生产能力约2万吨的海洋捕捞船队。公司占地面积16万平方米，岸线长1 200米。1982年后勤基地设施基本配套。全公司固定资产9 000多万元，年末职工人数3 793名。设有渔捞3个大队，陆上有渔轮修理厂、制冰冷藏厂、水产加工厂、水电厂、服装加工厂、赤岗肉菜市场和人民南路的海鲜酒家等，发展成一个以海洋捕捞为中心，包括水产品加工、综合利用的大型综合企业。1982年海产品总产量28.14万担，为广州市场提供牌价冰鲜鱼24.4万担，占全年广州市牌价冰鲜鱼供应量的91%。

图6-8 海洋捕捞生产

到1987年底，经过14年的建设，总投资累计7 781.96万元，累计水产品产量15.38万吨，总产值(按不变价计)1.12亿元，固定资产原值7 507万元，净值5 696万元，职工3 771人，其中船员1 132人。拥有生产渔轮43艘、10 728总吨、2.58万马力。1987年捕捞水产品产量17 354吨，总产值按不变价格计为1 689.1万元，按1987年现行价格计为2 939.1万元，已成为一个功能比较齐全的综合性基地，是全国17个大型海洋渔业基地之一。

国营海洋捕捞渔业，为广州市提供了大量冰鲜水产品，缓解了副食品市场的供求矛盾，其社会效益是明显的。但受渔业资源原因影响，其经济效益并不理想，广州市海洋渔业公司自 1973 年第一艘渔轮投产，直至 1990 年，一直处于亏损状态。

（三）发展水产工业

中共十一届三中全会后，国家把搞好保鲜加工，提高鱼货质量列为调整水产工作的三大重点之一。广州市水产行业的工业企业也发展起来了。建厂时间较长的有广东水产制品厂，职工 980 人，固定资产 430 多万元，主要产品有机制冰年产 2 万多吨，为海洋渔业生产和社会服务；有冷库容量 1 000 吨，对外营业有生产药用鱼肝油、丸等 14 个品种。该厂近年不断研制新产品，生产规模扩大。1982 年工业总产值 2 500 多万元，全员劳动生产率 26 000 元，比 1981 年提高 3.8%。广州水产冷冻厂，日处理急冻海水产品 24 吨，冷库容量 4 千吨，为经营水产品和其他食品的商业单位提供商品保鲜服务。1982 年末职工 222 人，工业总产值 100 万元。

图 6－9　1999 年，广州渔轮厂自行设计建造的具有世界先进水平的鱿鱼钓船“天顺”号

此外，广州市海洋渔业公司属下的广州渔轮修理厂，为渔业公司提供修船服务，有 1 000 吨级船台 6 个泊位。1982 年是续建项目，厂房、设备正在逐步配套，职工 350 多人。现已能担负 300 吨、600 马力级船只的中修工程。广州水产制冰冷藏厂，日产机制冰 120 吨，冷库容量 3 000 吨，1982 年初正式投产，为渔轮提供机制冰，冷库对外营业。水产品加工厂，主要产品有熟食品、腌制品、干制品、鱼粉，发展水产品的综合加工利用。1982 年还开办了服装加工厂，职工 90 多人。这些工业生产企业的创办和发展，特别是船舶修理、水产品综合加工和冷冻业，对水产事业的发展起着重要的作用。

第七章

推动：水产市场更兴旺

水产品是鲜活商品，季节性、地域性都很强，供求情况瞬息万变，客观上要求价格作出灵敏的反应，更多地运用好市场机制作用。水产品价格改革，基本上采取调放结合、先调后放，同改革水产品购销政策同步进行的办法。实践表明，改革不仅增加了渔民收入，活跃了城乡市场，而且减轻了国家负担，促进了商品经济的发展和人民生活的改善，方向、方法都是正确的[1]。

广州市从1979年开始，对水产品议购议销，鲜鱼，特别是活塘鱼零售价猛涨，活草鱼每斤达到2.8元，最高达3.2元，这时群众又有意见了。然而，事情总是向着它的反面发展，价高了，市场上鱼多了，活鱼、鲜鱼更多了，消费者随时都能买到鱼吃，他们高兴了。不到一年，鱼价降下来了。1983年每斤鱼价活草鱼降到2元，花鲢1.6元，海水大黄鱼1.2元，牌价、议价差大大缩小了。有意见的人少了，反对的人不反对了，承认议购议销是解决“吃鱼难”的好办法。议购议销解决了以下几个大问题：

一、稳定水产品价格

1981年2月，对议价水产品实行浮动幅度价，规定：上等水咸鱼最高议价幅度不得超过牌价100％，中等鱼最高议价幅度不得超过牌价60％，下等鱼最高议价幅度不得超过牌价20％；上等海洋鲜鱼和冰鲜鱼议价幅度不得超过牌价120％，中等鱼最高议价幅度不得超过牌价80％，下等鱼最高议价幅度不得超过牌价40％；塘鱼最高议价幅度不得超过牌价120％；海珍（味）品按1980年12月7日的议购价格为最高限价。

---

① 《当代中国》丛书编辑部．当代中国的水产业［M］．北京：当代中国出版社，1991：396.

在调整水产品价格的同时，还调低了渔需品价格，胶丝从每吨 8 600 元降为 6 000 元，机械零配件的价格调低了 10%。

表 7-1 1978—1986 年广东省海洋捕捞水产品价格

年份	出售水产品数量（吨）	出售水产品收入（万元）	每 50 千克平均价格（元）	物化成本支出（万元）	每 50 千克平均成本（元）	每 50 千克平均纯收入（元）	为 1978 年情况相较（%）
1978	363 106	12 174	16.76	8 636	11.89	4.87	100
1979	283 560	13 913	24.53	8 205	14.46	10.07	207
1980	308 291	18 298	29.68	10 079	16.35	13.33	274
1981	316 770	24 235	38.27	11 154	17.76	20.51	421
1982	382 191	30 643	40.01	13 882	18.16	21.85	448
1983	468 147	37 957	40.53	17 748	18.95	21.58	443
1984	495 796	47 369	47.80	22 418	22.60	25.20	517
1985	549 313	64 202	58.44	31 756	28.93	29.51	606
1986	667 734	81 469	61.00	41 632	31.18	30.42	625

这次水产品调价幅度虽然很大，但没有完全解决水产品价格背离价值的矛盾。因此，在调价后的 3 年中，按牌价收购的派购部分在水产品中所占的比重越来越小，议购或自由销售部分（按市价成交）越来越大，调节水产品生产和市场需求的，实际上已是市价而不是牌价。

为了逐步理顺水产品价格，经省政府物价部门批准，从 1984 年 3 月 1 日起，把海洋水产品固定收购牌价改为幅度内浮动价格。即按标准品的单一品种、规格计算，暑海期（5—8 月底）鲜鱼每 50 千克收购价 25～34 元的、水咸鱼每 50 千克 32～41 元的，上浮幅度控制在 50%以下；鲜鱼每 50 千克收购价 35 元以上的，咸鱼每 50 千克收购价在 42 元以上的，上浮幅度控制在 70%以下。秋汛期（9 月 1 日至翌年 4 月底），鲜鱼价每 50 千克 25～34 元的上浮 15%～50%；35 元以上的，上浮 20%～70%。水咸鱼，每 50 公斤 32～41 元的，上浮 5%～50%；42 元以上的，上浮 10%～70%。浮动鱼价办法的执行，使鱼价长期偏低的矛盾有所缓和。

1978 年，每吨鱼平均价格为 335.2 元，成本 237.8 元，纯收入为 97.4 元。鱼价全面放开后，1986 年，每吨鱼平均价为 1 220 元，成本 623.6 元，纯收入为 596.4 元。两者相比，每吨鱼增加纯收入 499 元。如按 1986 年出售水产品 66 万吨计算，渔民从鱼价上就得益 3.3 亿元。

图 7-1　水产品价格提升，渔民增加收入，生产热情很高

二、促进水产品流通

实行多渠道流通，促进了水产品批发市场的建立和发展。80 年代已在沿海市（县）交通枢纽或重点渔港兴建了一批具有码头、场地和装卸储运等相应设施配套、而且颇具规模的水产批发市场。例如潮州市水产贸易货栈建成后，由于服务功能比较完善，已成为粤、闽、赣三省 18 个毗邻县、市的水产品集散地和调剂中心。

实行多渠道流通，促进了销区市场变化。广州市场上的塘鱼，过去由于流通环节多，往往是活鱼变死鱼，死鱼变烂鱼，消费者怨声载道。市场开放后，鱼商贩众多，经营积极灵活，有的到鱼塘边收购，直接运到广州市场出售，大大缩短了运输时间和流通环节。卖的都是活鱼，群众称赞。因此广州市场上的塘鱼销售量不断增加，价格相宜，1979 年全市销售水产品 4.6 万吨（其中塘鱼 2.2 万吨），人均吃鱼 16.5 千克。1987 年全市水产品销售量为 12.8 万吨（其中塘鱼 5.5 万吨），人均吃鱼 30 千克以上。

实行水产品多家经营，促进了保鲜加工业的发展。过去，由于冰鲜鱼销售渠道不畅，价格不合理，渔民多用盐腌制产品，不愿用冰块保鲜。实行多渠道流通后，冰鲜鱼价格提高了，销售渠道顺利畅通，渔民都自觉带冰出海生产。沿海地区的国营水产供销部门原有的 30 多间冷冻厂已无法满足需要，集体、个体商贩纷纷集资建设冷冻厂，使全省水产品冷藏量大大增加。

表 7-2 1979—1987 年广东省水产品经营情况

单位：混合吨

年份	省内纯购进	省外调入	省内纯销售	调出外省	供应出口
1979	304 173	12 590	225 877	7 996	51 654
1980	262 754	20 675	167 599	4 271	57 487
1981	189 902	2 098	112 156	1 622	56 376
1982	236 958	5 737	152 755	3 210	54 456
1983	234 005	2 155	133 989	3 558	60 030
1984	246 001	13 971	203 803	11 778	25 933
1985	148 434	20 140	116 830	25 986	15 161
1986	167 357	15 542	107 246	37 671	21 578
1987	152 189	16 105	80 697	60 057	25 472

三、发展“南鱼北运”

实行多渠道流通，有利于开拓新的销售市场。过去珠江三角洲的塘鱼只限于销售香港、澳门、广州、佛山、江门等市场。随着塘鱼生产连续大幅度增长，原销区已趋于饱和，经营者就将塘鱼远销到茂名、惠州、深圳、广西梧州以及北方一些省市，而且新开拓市场不断扩大。80 年代掀起的“南鱼北运”（广东鱼货运销北方各省市）发展甚为迅速。据水产部门不完全统计，1979—1981 年全省塘鱼北运的只有几百吨，1982—1983 年 2 000～3 000 吨，1984 年 1.4 万吨，1985 年 2.2 万吨，1986 年 3.6 万多吨，1987 年达 5.1 万吨。

1986 年春节将至，新华社记者唐炜看到广东水产品市场繁荣，供应充裕，而且有大量水产品运销省外，通过深入调查研究，写出广东省运用价值规律组织水产品产、销工作的报道。《人民日报》1 月 30 日以《“南鱼北运”好形势是怎样得来的?》为题刊登，节选内容如下：

入冬以来，装载着鱼货的火车、汽车从广州、佛山、湛江和汕头等地启程，把成千上万吨鲜鱼运往全国各地。

两年前，广东的鱼货还只是在本省范围内流通，如今，已奇迹般地运销到北京、哈尔滨、乌鲁木齐、上海、昆明等二十五个城市。

“南鱼北运”的好形势是怎么得来的呢？

广东省放开水产品价格已有六个春秋了。在价值规律的作用下，广东水产品生产有了较大幅度的增长，放开价格后头两年“食无鱼”的情况就有了显著改变。以后，进城鱼货不断增加，原来较高的鱼价逐步有所下降。特别是这一二年，到了旺季，一些品种的鲜活淡水鱼甚至供过于求，鱼农不得不廉价抛售。

对于这种新情况，有人说“好得很”，也有人担心“鱼贱伤农”。省水产经营部门深入实际调查研究，发现有个县，鱼塘多，产量高，县领导在发展养鱼业时，片面认为鱼货价格越低越好，结果鱼价一跌再跌，致使产量大幅度下降。

图 7-2　当年广东塘鱼“南鱼北运”

为使鱼“贱”不伤农，广东省水产部门开拓新的水产品市场，提出了“立足本地，把生意做到全国去”的经营方针。从 1984 年开始，省、市水产经营部门组织推销鱼货小分队，到全国各地展销，开订货会，深受北方城市的欢迎，说送来的是“及时雨（鱼）”。

组织“南鱼北运”，有人担心会影响当地市场供应，引起本地鱼价大幅度上涨。但实际情况并非如此。就拿广州市来说，1984 年全市北运水产品达五万五千多担。由于销路打开了，本市、外埠两个市场一起伸手要鱼，使价值规律的作用得到进一步发挥，养鱼专业户的生产劲头高涨，进城鱼货源源不断，做到了淡季不淡，旺季更旺，价格平稳。按市区人口计算，1985 年平均每个市区居民吃鱼六十斤左右，比上年略有增长。前不久，广州市开了水产品订货会，又与二十二个省、市签订了价值六百万元的北运鱼货合同。

四、增加水产品出口

随着水产品对外贸易体制不断变革、出口事业也有了新的发展。1979 年国家水产总局成立中国水产养殖公司，发展水产品对外出口。各地也成立了水产品进出口公司，直接经营水产品进出口业务，初步创造了一种产供销、内外贸统一经营的新型体制①。

1981 年广东外贸体制进行改革，经省人民政府批准于 1981 年 8 月 1 日成立广东省水产进出口公司。

表 7－3　1981—1987 年广东省水产进出口公司水产品出口情况

单位：吨，万美元

年份	合计		淡水杂鱼		冻对虾		冰鲜虾		冰鲜鱼		贝蚧类		其他	
	数量	金额	数量	金额	数量	金额	数量	金额	数量	金额	数量	金额	数量	金额
1981	9 644	2 727	3 351	911	527	393	648	154	467	67	689	44	2 251	562
1982	10 886	2 957	2 165	601	661	584	581	305	864	162	3 491	96	1 326	321
1983	12 591	3 583	2 583	701	754	678	1 027	423	1 116	238	2 672	77	1 819	438
1984	12 301	3 372	2 433	560	107	458	826	288	1 842	361	1 608	63	2 830	453
1985	9 876	2 257	1 221	176	968	634	921	240	2 549	334	2 012	95	1 275	226
1986	21 484	6 600	2 443	327	4 605	3 136	1 821	661	3 857	597	3 610	243	4 125	975
1987	24 631	5 588	2 736	320	1 689	1 128	1 595	572	2 705	357	5 187	485	9 887	2 362

注：本表数量是水产进出口公司经营的海洋水产品和淡水杂鱼，其他中尚未含活海鲜、海蜇皮、冻对虾、冰鲜虾、鳗鱼苗、海味品 6 类，食品进出口公司经营的塘鱼出口量未计入。

广东省水产进出口公司的经营范围是海洋水产品、淡水活杂鱼的出口和渔需物资、水产系统自用设备的进口；塘鱼（鲩、鳙、鳊、鲮、鲤）的出口仍由省粮油食品进出口公司经营。据统计，1956—1987 年，共出口活塘鱼 804 930 吨，平均每年 25 154 吨。

广东省水产进出口公司成立之后，发挥了渔贸结合，内外贸统一经营和利用毗邻港澳的优势，积极建立出口水产品生产体制，改善保鲜加工配套设施，在扩大传统水产品出口的同时，努力开拓新的鲜活出口品种，运销日本等国水产品的成活率达 86%。各口岸公司大多数还做到当天收购当天出口，出口率有的达到 90%以上。截至 1987 年，已出口各种水产品 101 419 吨，出口创汇 2.708 4 亿美元。与 1981 年相比，1987 年出口量、创汇额，增加了一倍多。经营出口的品种因受经营范围限制，主要是淡水杂鱼、冰鲜虾、冻对虾、活海鲜、冰鲜鱼类、海味、海蜇皮和贝蚧类等。出口地区仍以中国香港、澳门地区

① 《当代中国》丛书编辑部．当代中国的水产业［M］．北京：当代中国出版社，1991：399.

为主，占出口量的90%～92%，其次是日本、新加坡。20世纪80年代中期逐步增加和开拓了美国、加拿大和西欧各国等市场，占出口量的6%～8%。此外，还有法国、比利时以及东南亚一些国家，但所占出口量极少。

表7-4　1981—1987年广东省水产品出口国家地区

单位：吨，万美元

年份	合计		中国香港		中国澳门		日本		新加坡		国内华供	
	数量	金额	数量	金额	数量	金额	数量	金额	数量	金额	数量	金额
1981	9 644	2 727	7 335	2 288	1 602	313	455	58	21	9	106	34
1982	10 886	2 957	9 505	2 409	1 273	336	16	168	20	3	68	39
1983	12 591	3 583	10 476	2 834	1 576	500	222	126	2	0.5	270	111
1984	12 301	3 372	10 217	2 728	1 431	329	504	261	27	1	90	44
1985	9 876	2 257	77 348	1 816	1 304	238	821	199	5	0.7		
1986	21 484	6 600	17 214	5 384	3 333	993	838	210	54	2.3		
1987	24 631	5 588	17 830	4 338	5 202	950	1 398	282	19	1.1		

五、改善水产品市场

广州市放开鱼价后，当时广州市水产局的工作人员肖汝信，写了题为《水产品议购议销经营办法好》的文章，并刊发于《中国水产》1980年11月15日第6期。节选如下：

广州市从1979年开始对水产品议购议销，鲜鱼，特别是活塘鱼零售价猛涨，价高了，市场上鱼多了，活鱼、鲜鱼更多了，消费者随时都能买到鱼吃，他们高兴了。不到一年，鱼价降下来了，牌、议价差大大缩小了。有意见的人少了，反对的人不反对了，承认议购议销是解决当前吃鱼难的好办法，议购议销解决了以下几个大问题：

一是大大增加了市场水产品供应量。1979年以前，由于统购价格低，生产者不仅不愿增产，也不愿低价交售，产地更不愿低价上调，为调鱼每年不知要派出多少采购员，开多少次调鱼会，请示多少次领导和上级机关，发多少文件和计划，动多少脑筋，想多少办法，千军万马也调不进多少鱼，市场供应长期不得解决，造成了大城市吃鱼难。通过议购议销，市场调节这个办法，一年时间使市场供应有了很大改观。如1980年1—5月调进派购鱼22万担，加上议价鱼共40万担，比去年同期增加60%。全市现在有国营水产贸易货栈5处，主要为社队代销。农贸市场27处，社队和小贩自己直接零售。广大消费者随时都能买到鱼吃，反映很好。

二是鱼货质量大为提高，处处卖活塘鱼。过去实行统购统销，大大增加了经营环节，以致活鱼统死，鲜鱼统烂。长期以来年年号召扩大鲜销，卖活鱼，但效果很不理想。广州市也是这样。过去活塘鱼几乎没有供应。我们虽年年号召优质优价，低质低价，轮养轮捕，常年供应，但几乎见不到什么成绩，臭鱼烂虾处处有。价值规律一登台，一切问题迎刃而解。如广州市1980年1—5月供应鲜活鱼15 500吨。比上年同期增加60%，其中活塘鱼4 000吨，比上年同期增加2.2倍。

三是冲垮了渔业经济领域中的行政区划，独家经营，官商作风。统购统销造成了鱼品流通中的地区割据，经济封锁，独家经营，官商作风，使全省、全国鱼品流通受到长期的人为的阻隔，既影响生产，也影响城市供应。议购议销把这一切冲垮了。生产者可以在那里生产，那里销售，也可以进城卖鱼，提高鱼品质量，增加生产收入。如南海水产公司自己在广州设点卖鱼，鱼货鲜度、质量比水产供销公司好。郊区石井公社槎龙大队在广州设点卖活鱼，三个人用自行车自运自售活鱼，一天供应三百多斤，收入增加了一倍多，消费者欢迎。同时国营水产供销公司受到竞争的压力，改变了官商作风，提高了鱼货质量，也办了四个贸易货栈。现在广东全省之内议价鱼已没有地区割据的现象了，产销之间，渠道畅通，货畅其流，既促进了生产，也改善了城市供应。

四是增加了社队收入，巩固了集体经济，打开了通向渔工商的道路。过去社队养鱼，必须交售给国家，在生产、加工、运输、销售和售价等方面受到长期的限制。收购牌价平均一斤0.48元，而市价则高出二三倍，单干可卖高价，比集体收入多，集体经济难以巩固，更谈不上渔工商了。现在，议购议销，社队自

图7-3 鲜活水产，灵活经营

养、自加工、自运、自销、自定价，解除了对渔工商运的限制，塘鱼价格平均卖1.60元上下，收入大为增加，显示出集体经济的优越性。集体经济巩固了，公共积累增加了。可以拿出投资，扩大鱼塘面积和增加卖鱼等设备，向着渔工商运联合企业的道路发展。

实践证明，水产品议购议销政策不但受到社队和广大群众的欢迎，使水产生产和供销部门也找到了促进生产，解决大中城市吃鱼难的办法。因此，只要认真执行政策，我国渔业特别是海淡水养殖就能迅速发展，大中城市、工矿林区等吃鱼难的局面就能较快的解决。

六、渔业饮食文化焕发新活力

广州人很讲究吃，鱼的营养丰富、味道鲜美，是广州人喜爱的食材。20世纪50年代末至70年代末，受“三年经济困难”“文化大革命”的影响，广州饮食市场萎缩，饮食品种单调，“食在广州”名存实亡。过去珠江沿岸有很多船户叫卖“艇仔粥”[①]，“文革”后便没有了。平时，市民吃鱼难，吃鲜鱼更难。1979年改革开放后，广州饮食业改革经营管理，开放饮食市场，促使广州饮食业迅速恢复并加速向前发展。食肆形成了以粤菜为主，多种饮食风味、饮食风格共处一堂的繁荣局面，“食在广州”声誉恢复，并跃上一个新的高度，无论食品的数量和质量，店档的数量和规模，还是饮食环境和服务质量，在国内都首屈一指，在国外也享有盛名。“吃鱼难”问题解决后，饮食文化也焕发新的活力，使人们“吃好鱼”的需要得到满足。

（一）1980年开办塘鱼小食部

1980年8月，广州市水产公司利用塘鱼批发部现有的人员、场地，开办一座“塘鱼小食部”，全称“广州市水产供销公司塘鱼批发部塘鱼小食部”。这个“塘鱼小食部”坐落在海珠桥东、珠江靠北岸一个庞大的“趸船”上，远望颇似一只五彩缤纷的大游艇，被人们昵称为“水上餐厅”，是当时吸引客人的

---

① 艇仔粥以鱼片、炸花生等多种配料加在粥中而成。清末民初，广州荔枝湾和珠江河南有部分水上人家用小艇向游客兜售粥品。这种粥以新鲜的鱼片、炸粉丝、海蜇皮、花生仁等配料烹调而成。因在小船上售卖，小船粤俗称艇仔，故称为艇仔粥。中华人民共和国成立后，水上居民陆续迁至岸上居住，售卖艇仔粥的小船逐渐减少，艇仔粥成为街边小吃，改革开放后，进入酒家、饭店。

一个好去处。说起这专门经营塘鱼食品的“水上餐厅”，外埠人都觉得很新鲜。有外地客人刘元林，参观后印象深刻，写出《水上餐厅——访广州市水产公司塘鱼小食部》，发表在《中国水产》1983 年 8 月 15 日第 8 期，还在封面、配有彩色照片，这在当时也是开风气之先的事情。现节选如下：

下午五时半，我们随人流越过浮桥，来到餐厅。夜餐刚开始，这里却早已人声鼎沸，座无虚席了。尽管服务员增加了许多临时座位，但许多顾客还是只能站着等候。热情的年轻服务员麻利地接待着来宾；烹饪室内，一条条鲜鱼在热锅里蹦跶，浓香的鱼味直钻鼻子，沁人心脾，诱人垂涎。好不容易等到了座位，刚坐下，一位身着白制服的青年彬彬有礼地把菜谱摊在我们面前：“同志，想吃点什么？”反复细数着菜谱，许多新奇的菜名，竟不知点什么菜好：“我们想品尝塘鱼食品风味，但又吃不了许多，请酌情来几个吧！”

夜幕降临，晚餐进入盛期。灯火辉煌的餐厅内鱼酒飘香，中外游客边吃边谈，不时发出一串串欢声笑语，江面上凉风习习，游艇鸣着清脆的汽笛如梭来往；珠江两岸，五颜六色的霓虹灯璀璨闪烁；宏伟的海珠大桥横跨珠江，……品鱼览夜景，如临仙境中。

“水上餐厅”是如何开张起来的，经营情况又怎样呢？餐厅负责同志告诉我们，广州人很讲究吃，鱼的营养丰富，味道鲜美，自然成了他们食品中的“热门货”。过去珠江沿岸有很多船户叫卖“艇仔粥”，“文革”后便没有了。平时，市民吃鱼难，吃鲜鱼更难。1980 年 8 月，市水产公司决定利用塘鱼批发部现有的人员、场地，开办一座“塘鱼小食部”，也就是现在这座“水上餐厅”，以供人们吃鱼的需要。餐厅开业两年多来，生意越做越活，越做越大。目前已有 320 个座席，20 多个经营品种，每晚的经营额也从开始的 400 多元增加到

图 7-4　当年开风气之先的水上餐厅

2 000余元。每到晚上，门庭若市，在江边乘凉散步或过路游客，随时可吃到现捞现煮的鲜鱼食品。餐厅四面环水，空气清新，宛如昔日白鹅潭内的酒舫。在此宵夜，不仅可以品尝鱼味，且可观赏珠江夜景，又是一大乐趣。这里出售的鲜鱼食品价格合理，一般比自由市场的同类食品价格低二三成。这里是广州市民经常光顾的地方，港澳同胞和好几个国家的客人也慕名而来。香港和广州的报纸、电台多次报道这个餐厅，说它是“羊城独一无二”，“为‘食在广州’增添了光彩”。一些港商还提出要“合资经营”呢！

“水上餐厅”的建立，也给企业本身带来了许多好处。第一，提高了人力、物力的利用率。过去，塘鱼批发部每天早上批发完鱼之后，人员、场地、设备便空闲着。现在，上午批发塘鱼，下午筹备夜餐，晚上开门营业，几乎整日不得闲。第二，安排了一批待业青年。现有50名餐厅工作人员，除烹调和其他一些主要业务由批发部职工担任外，其余工作由40名待业青年承担，基本解决了批发部职工子女的就业问题。

说话间，菜上来了。先是一盘清蒸鲩鱼，接着是水煎鱼丸、瓦块鱼段……满满一桌子鱼，但形、色、味各不相同。同桌的一位广州人说：“这里烹饪技术独特，用料精细考究。食品全以细嫩肥朕的鲜活塘鱼为主，佐姜、葱、青椒、发菜、橄榄等料，很有地方特色。看起来斑斓多彩，吃起来鲜嫩适口，回味绵绵。”餐后，我们觉得这些赞美之词是恰如以其分的。

（二）1983年鲜活河海鲜即点即烹

广州饮食市场开放，逐步引进大量珍贵的海产品，像老鼠斑、苏眉、青衣、澳洲龙虾、象拔蚌等，越来越多珍贵的深海海鲜品进入菜谱。1983年，广州饮食业举办第二次名菜点评展览，促进了传统特色的恢复，“鲜活河海鲜，即点即烹”再度兴起，原料的选择有四季之分，而且分档精细。有“春鳊秋鲤夏三黎（鲥鱼）”，“清明虾、深秋蟹、隆冬狗”的讲究。这和粤菜“不鲜不食”“不时不食”的择料原则是一致的。

（三）1984渔村渔港海鲜舫入城

粤菜的海河鲜新品种不断增加，高级餐厅、酒家、茶楼、饭店争相设置水族箱蓄养深水海鲜和江河鲜，部分新出现的饮食店也分别以“南海渔村”“天天渔港”“龙门海鲜舫”等作店名招徕顾客。海鲜舫是出现在珠江河域，以旧船改造而成的饮食点档。这些海鲜舫设座位 100 个左右，一部分经营早午夜三市饮食，一部分只经营午、夜两市（到 1990 年止，珠江河域的海鲜舫增加到近 10 艘）。

1984 年后，广州的酒家、茶档、餐厅以大排档经营形式增开街边食街、明档，供应风味小食、即点即煎食品，出现了铁板烧、火焰醉虾等席前加温的食品。高级餐厅、酒家茶楼增设设备完善的蓄养咸淡水产品的水族箱，出售即点即烹生猛海河鲜。

20 世纪 80 年代中期，广州饮食市场全面开放，粤菜传统品种恢复并出现大量创新品种，属于水产品的有三色龙虾、上汤焗龙虾、OK 汁串烧虾、蚬蚧乳鸽、海鲜冬瓜盅等。80 年代末，咸鱼蒸猪肉等家常菜上了高级餐厅、酒家、茶楼的餐桌，入了菜谱；鲜虾经过不同酱汁的配制就产生了西椒盐焗虾、美极（酱汁）煎虾、牛油焗虾、蒜茸蒸虾等菜品。

图 7－5　当年珠江河上的海鲜舫

（四）今日广州无海鲜不成宴

1990 年起，广州饮食市场形成了早上有粥粉，晚上有炖品，夏秋吃海鲜，冬春吃野味的独特兴旺景况。一些有名的酒家也在原店名中加上“海鲜”两字以作宣传。“食海鲜”风行广州，形成“无海鲜不成宴”的饮食新潮流。

第八章

引领：从鱼到粮全放开

广州是全国物价改革、搞活流通最早的大城市。改革开放之初，广州市委、市政府选准了“农副产品市场物质贫乏、老百姓怨声载道”这个最迫切需要解决的老大难问题，作为城市改革的突破口，从价格改革以理顺价格体系为目标，发展到放活价格体制、理顺价格体系的完整目标，经历了“调放结合、以调为主——放调结合、以放为主、双轨过渡——放、调、管结合”的三个阶段，走出了一条“放调结合、双轨过渡、放中有管、分步推进”的价格改革路子，顶住压力，承受阵痛，遵循价值规律，敞开城门，首创并逐步放开物价，搞活流通，繁荣市场，不断满足人民群众的消费需求。

1978 年底，广州在全国率先放开了部分水产品市场，并恢复成立第一间国营广州河鲜货栈，引鱼货进城，放开价格，自由购销，随行就市，议价成交，迈开了农副产品放开价格的第一步。1979 年广州全部放开塘鱼价格，更是拉开了广东物价改革的序幕，推动了由计划经济向市场经济过渡的历史新阶段。1981 年，广州市对郊县的鲜蛋大部分实行议购议销，接着取消肉鸡和鲜蛋的派购任务，放开价格；1983 年，又取消了水果的派购任务，实行自由经营、议价成交。1984 年，广州市率先在全国各大城市中全面改革蔬菜产销体制，采取“三放”（放上市任务、放流通渠道、放购销价格）政策。1985 年 1 月，广州市又在全国率先放开了猪肉、水产品等 8 种主要副食品和缝纫机、自行车等商品的价格，取消指令计划，实行指导性计划。1988 年调整并放开了粮油价格，5 月首次提高粮食合同定购和销售价。

随着农产品价格的逐步放开，广州市政府取消了长途贩运、农产品私人上市成交的禁令，实行国营、集体、个体一齐上，多渠道搞活流通的政策，既使农民生产出来的农产品能及时卖出去，又敞开城门，吸引全国各地的农副产品流入广州市场。这就丰富了市民的菜篮子，结束了广州市民购买农副产品必须

图 8－1 今日珠水流光的美丽广州，是当年在全国率先鱼价闯关发展起来的

凭票的历史。

对农产品购销体制的改革取得了显著的成效，推动了商品农业的发展，生产者逐步习惯按市场需求安排生产，鲜活农产品产量大幅度增加，质量大大提高。与 1984 年相比，1990 年蔬菜总产量增长 1.19 倍，生猪出栏量增长 35.69%，水产品总产量增长 53.08%，水果总产量增长 1.45 倍，牛奶总产量增长 32.03%，三鸟出栏量增长 1.98 倍，农业商品率从 63.20% 提高到 74.05%。

一、从水产品到蔬菜放开

广州市放开菜价也经历了与水产品放开同样的过程。

（一）过去，蔬菜购销怨声载道

1958 年，广州市开始实行蔬菜购销“五统一”：统一收购，统一运输，统一分配，统一供应，统一价格。菜农生产的蔬菜全部交给国营收购站经营。由于价格背离了价值，菜农没有生产积极性，蔬菜生产只为了应付上交任务，于是纷纷种植粗放而产量高的品种，越老越粗，才越有重量，收成时“连泥带水”采摘上市，这又导致市场品种单调，粗菜多，细菜少，质量差，可食率低。

当时收购蔬菜是一件吃力不讨好的事情。负责收购的干部，下乡都要带上一杆秤，随时收购农民的蔬菜和各类农副产品。对干部们费尽心机采购来的蔬菜，市民们却不买账，因为它们质量太差了。对于蔬菜，人们印象最深的大概要数通心菜，大家叫它“无缝钢管”，又老又硬又长。因为它粗生易长，菜农最爱种，市民吃得皱眉头。

当时曾经流传过这样一首打油诗：

凉菜（西洋菜）长成白须公，
通菜好似一条龙，
芥蓝多渣芋头爽，
白菜烂头又多虫。

这里面道尽了市民对市场蔬菜供应状况的愤懑和批评。

为了市场的蔬菜供应，广州市委、市政府可谓是费尽苦心，强调落实蔬菜产销“优质、高产、多品种、均匀上市、上早市”的14字方针，经常组织工作组下乡，但收效甚微，广州蔬菜供应状况并无改善，甚至连逢年过节要供应市民的蔬菜都难以保证。尽管广州市一再加强蔬菜生产的领导工作，但每年都要以大量的财政补贴（1981年以前是1 000多万元，1982年以后2 200多万元，1984年达3 000多万元）来保证包括蔬菜在内的农副产品的上市，蔬菜产销成为一件吃力不讨好的事情：菜农埋怨收购价低，市民嫌品种单一质量差，经营者说经济效益小，财政部门诉补贴亏损大——没有一方满意。

（二）1981年初，任仲夷调研蔬菜问题

1981年初的一天，广州市农业委员会副主任兼蔬菜办公室主任杨丰接到一个电话，是广东省委副秘书长兼办公厅主任谢非打来的，说任仲夷同志要来调研蔬菜问题。杨丰感到很奇怪：省委第一书记来广州，怎么不找市委办公厅，而是直接找市蔬菜办公室呢？杨丰说：市里正在开党代会，领导都不在呀。谢非说：“任仲夷同志不找领导，就找你们，了解了解情况。他知道市里开党代会，不要通知他们回来。”

不久，任仲夷就和谢非两个人就来了，看起来心事重重。任仲夷和梁灵光一起于1980年11月才来到广东工作，梁灵光任省委书记兼广州市委第一书记，这时蔬菜又开始紧张。任仲夷决定来广州市蔬菜办来了解情况。

当时，市蔬菜办的办公室在礼堂旁的一个平房内，任仲夷就坐在这间平房里，与市蔬菜办、蔬菜公司经理等人座谈。

图 8－2　1980 年 11 月，刚刚上任的广东省委书记任仲夷在省府礼堂与省市干部见面（梁伯权摄）

任仲夷说："看看这蔬菜问题到底是什么原因，假如说是天气问题，那就好办了，天气好了就行了。"

杨丰说："不是天气问题，是政策问题。"

"既然是政策问题，你们就准备一个调查报告。"任仲夷说。

临走时，任仲夷又到蔬菜公司调研，然后，要求拿出一个月的时间专门来调查，并指示由当时新任的副省长杨德元（1981 年 3 月增补，原任佛山地委书记）负责。

杨德元指定省政府一个副秘书长牵头，由省政府财办主任、省政策研究室主任以及广州市蔬菜办杨丰和郊区一名书记参加组成调研小组。调查组深入到每个公社去调研，历时整整一个月。调查回来后，杨德元听取报告后说："问题恐怕还是出在政策上。"当时他还不敢说要开放价格，市蔬菜办就向他提议：原来是实行幅度议价。杨德元说："根据这个情况，看样子是要下大力量落实。"

于是，广东省委出了几条政策：广州市要安排一名书记来管蔬菜，原来的副书记还不够；国家要给蔬菜很大的补贴；要减免菜农的部分粮食任务；要给蔬菜公司一些黄豆，困难的时候做豆腐和豆芽来缓解。同时要求：对种蔬菜的土地要加以保护，要划定一些地区不许征用。这次一共划了 18 块地，同时还规定以后征用 1 亩蔬菜地要交菜地建设费。

1981 年 5 月 18 日，广州市革委会批转《市蔬菜工作会议纪要》。

1981 年 8 月 6 日，广州市委召开常委会议，听取有关部门就广州市蔬菜生产恢复和供应情况的汇报后，作出四项措施和决定，要求搞好蔬菜生产和市场供应。

采取这些措施之后，蔬菜供应紧张的情况得到缓解，但还是有紧张的时候。主要原因还是蔬菜购销体制没有改革，蔬菜的价格没有开放。

1982 年，北京、天津、武汉等 6 个大城市在广州召开城郊经济研究会议，提出农民种植结构应以鲜活农副产品为主。后来这一建议被中央采纳。当年起，广州白云、芳村、黄埔等地迅速发展成市区农副产品供应基地。

1983年，蔬菜又出现了供应紧张状态，虽然情况比以前有所好转，但现在出现这些问题，是该考虑开放价格的时候了。当年，蔬菜流通体制的改革又进了一步，对蔬菜产销实行“管六放四”，即上市蔬菜六成由国家收购和幅度议价成交，四成放开，不限不保。也就是管住大路菜，放开时令蔬菜，实行蔬菜产销“双轨制”。蔬菜供应开始活跃，品种增多。

（三）1984年，率先触碰蔬菜“高压线”

1984年，是广州人时来运转的年头。调查表明：1983年广州的物价指数只比1982年上升了0.6%，低于全国全省同期的物价上升幅度。市场开始繁荣，价格稳中有降。鱼价从最高峰的每斤3元多降到1元多。1983年广州市民人均占有鲜鱼63斤，为全国之冠。

1984年初，北京方面突然派三个人来到广州进行调研，他们是国务院农村发展研究中心的魏唯、新华总社记者姬斌和商业部的一位女同志。市委书记许士杰和副市长王玄（任仲夷夫人）都非常重视，让市蔬菜办好好接待。他们在广州进行了为期近一个月的调查研究，深入到菜区基层，听取基层干部和菜农的意见，还到蔬菜公司各个购销部和肉菜市场听取经营者的意见。他们认为，蔬菜购销的体制压抑了菜农的生产积极性和蔬菜经营者的积极性，在品种、价格、质量等方面，农商之间扯皮严重，矛盾突出，蔬菜公司亏损经营，国家财政补贴越来越多，已到了非改革不可的地步，放开价格是大势所趋。于是他们亲自向市委常委作了汇报，提出应该进行价格开放。

当时，广州市蔬菜办意识到，全面改革蔬菜购销体制已经到时候了。鉴于阻力较大，有必要先造舆论，统一各方面的认识，于是市蔬菜办与市农经学会联合召开蔬菜购销体制改革座谈会，听取专家、学者、基层干部、有关部门的意见，并通过媒体报道，大造舆论。5月7日，市蔬菜领导小组办公室、市农经学会在沙河联合召开蔬菜购销体制改革座谈会，打响了蔬菜体制改革的第一炮。应邀参加座谈会的有暨南大学、华南农学院（今华南农业大学）、郊区、沙河区公所、市工商局、蔬菜公司等有关方面的专家和负责同志共20多人。会议主要就“统购包销”体制的弊病和实行全面改革的必要性、紧迫性、蔬菜购销体制改革的主要内容和有关政策、市民对改革初期菜价上涨的“阵痛”的承受能力3个问题展开了讨论，并达成了共识：促进蔬菜购销体制改革。

参加会议的《广州日报》农商部主任屈绍铿、副主任马桂宁、记者张永熙，会后写了《市农经学会研讨提高上市蔬菜质量等问题——建议蔬菜购销实行全面开放政策》一文，5 月 24 日《广州日报》第一版刊发。文章直闯“计划种植、统购包销”禁区，切中蔬菜问题要害，在全国率先提出了“按照价值规律重组蔬菜产销新秩序”的提议，引起了省市领导的重视与广大农民的关注。

广州日报
GUANGZHOU RIBAO
胡耀邦在深圳设宴为马尔科维奇饯行
中共广州市委昨日召开整党动员大会
我市开始全面整党 首批四十九个单位
保证完成今年扭亏增盈任务
让孩子们欢度自己的节日
广州地区“六一”活动丰富多彩
建议蔬菜购销实行全面开放政策
我市中小学生视力下降

图 8－3　当年惊动中南海的报道《建议蔬菜购销实行全面开放政策》

《羊城晚报》总编辑吴有恒以其远见卓识，主动跟进，在晚报上开辟专栏讨论。来稿参与讨论者，既有菜农和基层干部，也有城市职工和蔬菜经营者。他们从各自不同的角度指出统购包销体制带来的种种问题，绝大多数赞成蔬菜全面开放，并提出了一些合理建议。

（四）运筹，在鹤洞的小饭厅里

群众尝到了甜头，市领导又跃跃欲试，要发动新的“攻势”了。时任广州市委书记许士杰亲自带工作组到黄埔、芳村等地进行深入的调查研究，加深对蔬菜产销问题的了解，增强了全面放开蔬菜价格的决心。许士杰提出两点意见：“一是要请示省有关领导同意；二是要先在鹤洞、黄埔两地试行，待取得实践经验再全面推开。”

1984 年 7 月 1 日，广州市以鹤洞为试点，开放白菜、生菜、绍菜、通菜、西洋菜、青瓜、茄子、玉豆、慈姑、萝卜、土豆、沙葛 12 个品种，不限价，不包购，产销见面，议价成交；政府不再对郊区菜农下达指令性的生产和上市任务计划，菜农自行安排种植和上市；放开流通渠道，允许多方参与市场竞争。

8 月，中央办公厅派调研组南下广州，专门了解广州蔬菜改革问题。来人对广州市委书记许士杰说，全国各大城市蔬菜问题多年悬而未决，《广州日报》有报道提出放开蔬菜价格，小平同志很关心，希望广州能率先找到一条解决大城市蔬菜供应问题的出路。

中央办公厅的调研组离开广州后，广州立即开始行动。市委书记许士杰亲自开展调查研究。

一天，鹤洞的市场内，在买菜的人流之中，有位头发花白，身材高大的老人。他东瞅瞅，西看看，时而问问价钱，时而看看商品，显得兴致很高。这里，再没有当年那种抢购的紧张气氛，有的只是文明的竞争，一束束干净鲜嫩的蔬菜分门别类地放着，质量好，价钱也不贵。

他就是专程来视察开放试点蔬菜供应情况的市委书记许士杰。他同顾客聊，同菜农聊，同售货员聊，大家一致认为放开价格好！群众说好，这就是对开放投了赞成票；市场供应良好，这就是改革成效的验证。

在鹤洞区公所的小饭厅里，一个会议开始了。市委书记主持，要研究广州蔬菜全面开放的可行性和方针大计。

广州，有得天独厚的气候环境，有300多个品种的蔬菜，只要尊重价值规律，正视市场调节作用，又有一整套妥善的运输和购销设施，完全可以解决蔬菜匮乏现象。

作为领导者，除了价格放开，还必须考虑种植面积、流通渠道等问题，还有健全生产责任制、销售网络和场地、补贴和运输等。会议上，大家根据多次调研掌握的数据和材料，讨论、争辩、估算、运筹，终于总结出了“三放三管”的方针：放开上市任务，放开价格，放开流通渠道；允许蔬菜生产者根据市场供求关系自主经营，实行产销见面，议价成交，随行就市；允许国营、集体、个人进行蔬菜经营，实行多渠道流通。同时，管住种菜面积和购销网点，管住对基地菜农与蔬菜公司的优惠，管住菜区社队。

9月以后，黄埔区也成为试点。两个地区蔬菜开放试点的结果是：上市早、质量好、品种多、供应情况良好。市委认为，全面放开蔬菜价格的条件已经具备：自1981年以来，塘鱼、水果、三鸟（指鸡、鸭、鹅）等农副产品价格放开，1984年鹤洞、黄埔区菜价试行菜价放开，为蔬菜放开经营提供了经验；菜区90%的生产队实行家庭联产承包责任制，菜农的生产积极性大大提高，为蔬菜放开提供了物质条件；城市职工实际收入有了提高，能承担菜价的合理增长；广州自然条件好，一年四季均可种菜。市委决定，采取积极态度，稳步进行，通过改革，把蔬菜产销工作提高到新水平。

市委还提出，蔬菜放开要达到如下要求：蔬菜数量充足，质量提高，品种增加，供应正常，买卖方便；按质论价，优质优价，价格水平能为群众接受；财政负担不能增加，力争逐步减少。

战略方针既已确定，“进攻”日期也已选好——蔬菜旺季的十二月，那么就等决战吧！

（五）决战，在骂声和报捷声中进行

在“决战”前夕，“战斗”早已零星地进行了。广州的蔬菜实际上已是“管二放八”，剩下的少数品种再难管住了。于是，市场上出现了一个怪名称——“加工菜”。把那些不在开放之列的蔬菜摘摘黄叶，理理根须，打整干净，然后随行就市地定个价。聪明的家庭主妇们一言道破：“变相议价”。于是，骂声又起。

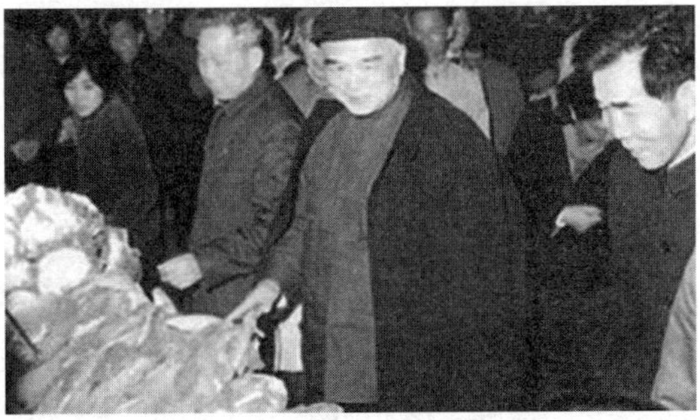

图 8-4　当年广州市委书记许士杰陪同省长梁灵光（前）检查蔬菜市场供应

在开放之前，广州市蔬菜办进行了讨论，决定稀有品种如姜、蒜之类的价格可以开放，另外供应高级宾馆的菜价格可以开放，这样偷偷摸摸地东开一点、西开一点。物价局见到这种情况，就去向市长叶选平“告状”：他们这样欺上瞒下怎么行？叶选平市长是一个很开明的人，说：“不要大惊小怪，蔬菜价格迟早是要放开的，迟开不如早开，暗开不如明开，偷偷摸摸地开不如大张旗鼓地开。”

莫非叶市长是铁石心肠，居然“闻涨不惊”？其实，他心中有底，根据调查的数字统计：开放后菜价将上升 56%，但蔬菜质量也好了，可食率提高了 30%，两项折算，那么吃一斤菜实际上只多花了 30%的钱，考虑到全年升降的平衡，一个市民一年只需为吃菜多付出 2 元左右，而广州人的奖金和各项收入（1983 年比 1979 年）却增加了 3.52 倍！

叶选平的这句话对蔬菜放开的支持非常大，市里决定：攻势提前一个月发动。1984 年 11 月 1 日，广州蔬菜全面开放。

第一个月，蔬菜供过于求，质量上升，价格下降，市民笑嘻嘻，菜农有怨气，骂声与捷报声俱来，市领导泰然处之——“闻降莫喜”。

第二个月，低温，暴雨，上市量减少，菜价上升了两倍。菜农消了气，市民有忧虑。有关部门按计划调兵遣将，把外县的菜调来，把几十万斤豆制品推出市场。菜价，又被平抑了。

大局已定！善于运用价值规律和发挥社会主义的优越性，这场战争，终于有了一个胜利的前景。

春节，在长期低温阴雨的情况下来到了，这是对蔬菜开放的严峻考验。可是，不须紧张，尽管菜价贵了点，但每个市场都有二三十个品种的蔬菜敞开供应，而鱼、肉、鸡、蛋一切副食品都十分充裕。一个物质丰富的春节，一个和平的春节，终于在与匮乏进行的长期战争之后，来临了。

卖菜的和买菜的，种菜的和管菜的，国家、集体、个人——都赢了！

（六）放开，蔬菜源源不断入城

为了保证放开蔬菜产销政策的顺利实施，在时间的选择上也是经过考虑的。11 月蔬菜大量上市，价格平稳，货源充足，放开经营不会造成市场大的震动。

图 8－5　蔬菜放开，价格由供求关系决定，在当年是个大突破

与放开鱼价一样，放开蔬菜价格，广州也是全国大城市的第一个，来自各方面的议论和压力都不少。恰逢冷空气南下，菜价上涨较大，市民反映强烈。有人说："形势大好，白菜三毛（原来 5 分钱一斤）！"也有人告状到中央，惊动了中南海，中共中央总书记胡耀邦亲自打电话来询问。在这种环境下率先放开价格，需要有勇气，也需要有创新的精神。广州顶住了压力，坚持把物价改革搞下去，成功实现了价格"闯关"。

率先放开价格，换来了市场的繁荣。放开蔬菜经营之后，尽管菜价上涨了，但市场一放开，各地的农副产品源源不断流入广州市场，市场蔬菜供应顿时改观。

市场经济的规则是质量好、品种新的商品更有竞争力，更能卖到好价钱。市场经济改变了生产者行为。过去菜农为了凑分量，要等到蔬菜长老才连泥带水交任务。现在菜农专门种细菜、嫩菜，市民买着高兴，菜农也卖得开心。广州市蔬菜供应状况很快就焕然一新：上市品种从过去的十多种增加到数十种，可食率从五六成增加到八九成。蔬菜货源充足，每天上市量接近 100 万千克，上市时间提前了一个小时。一些名优产品和时令蔬菜，如柳叶菜心、椰菜花、番茄、圆椒、荷兰豆、菠菜等蔬菜的上市量比价格放开前增加了五六成。郊区菜农收入也增加了近一倍。过去无法实现的蔬菜产销 14 字方针，如今在价值规律的作用下，逐渐变成现实。

放开菜价之后，由于广州市的蔬菜价格高于其他地方，远郊近县和毗邻省市的蔬菜源源不断地流入广州，湛江、江门、佛山等 10 多个县市的蔬菜也纷纷出现在广州市场，每天约有 25 万千克，有时甚至多于郊区蔬菜的上市量。这又使货多价平，导致广州平抑物价的效果快于全国其他地方，不久之后，广州的市场菜价甚至低于全国其他大城市，广大市民成为受惠面最广的阶层。一位老居民写了一首《望江南》，称赞改革后的广州市场：

广州好，
瓜菜四时丰。
日啖时蔬数十种，
不辞长作岭南翁。
谢党谢菜农。

1987 年 5 月 30 日—6 月 3 日，国务院在广州流花宾馆召开全国十大城市蔬菜体制改革经验交流会议，广州市政府作了广州市蔬菜产销改革汇报发言，广州经验很快传遍全国。

二、从鱼菜到其他副食品

1979 年 2 月，广东省颁布《关于恢复和发展养牛业若干问题的规定》明确：农民、城镇居民都可以私人养牛，而且对残菜牛和耕牛的购销也完全放开。这是当时广东省农业委员会主任杜瑞芝，根据中共中央 1978 年 6 月 26 日以 37 号文件转发了湖南省湘乡县委《关于认真落实党的政策，努力减轻农民不合理负担的报告》关于“牧区可以养一两头自留畜”的规定，在广泛调查研究的基础上，起草了贯彻 37 号文件的意见而作出的规定。这项改革很成

图 8-6　随着市场开放，副食品供应越来越丰富

功，耕牛存栏量和市场交易量直线上升。

水产品市场放开之后，广州又放开了部分农副产品价格，并于 1979 年 3 月在清平路开办了清平农副产品市场，当年商品成交总量为 340.5 万千克，总成交额 608 万元。到 1982 年，市场当年总成交量增至 1 564 万千克，总成交金额增至 5 222 万元，分别比 1979 年增长 3.5 倍和 7 倍，商品品种包括肉类、水产、三鸟、蛋品、蔬菜、海味、药材、水果、花鸟虫鱼等 11 类、600 多个品种，货源来自市郊农村及全国 18 个省区，经营范围涉及批发零售业务，成为广州市区内规模最大、商品品种最多的农副产品市场，它对促进生产，活跃城乡经济，沟通不同地区之间的物资交流，补充国营商业的不足，方便群众，起到积极的作用。

1979 年 11 月 1 日，广东省调整了猪肉、牛肉、禽、蛋、菜、水产品、牛奶等主要副食品的销售价格。次年 1—8 月，广州市场供应的猪、牛、羊、禽蛋、鱼等肉食共计 243 万担，市区居民平均每人比上年同期多吃肉食 27 斤。全市议价商品总购进金额比上年同期增长一倍，销售总金额比上年同期增长近两倍。1980 年底，每天进入市区各农副产品市场摆卖的摊档有6 000多档，上市品种多达 300 多种。

图 8－7　市场肉类丰富，得益于改革开放

从 1980 年 1—10 月，广州市把原来统派购的 118 种一、二类农副产品缩小到 25 种，1984 年再缩小到 11 种，政府通过不断扩大市场调节的幅度，以价值规律这只“无形的手”调节资源配置，刺激生产，增加供应。1981—1983 年，广州又相继放开了禽、蛋、果价格，改为自由生产和经营，议价成交。1983 年，全面放开水果购销市场。1983 年，对郊县的大部分塘鱼和鲜蛋实行了议购议销，市场调节部分约占当时上市量的 2/3。到 1983 年底，广州只剩下粮、油、糖、红黄麻、黄红烟 5 种农副产品没有完全放开价格。

从 1985 年元旦起，广东放开全省肉、禽、蛋、鱼、菜等鲜活农产品的购销价格，发给城镇居民每人每月补贴 10～20 元。

1985 年 4 月起，放开原来列名管理的单车、手表、缝纫机、家电、纺织品、烟、酒、糖的购销价格；在放开部分生产资料价格的同时，把原来的大部分生产资料价格双轨制向市价并轨；在放活流通作价办法的同时，对外贸价格也全面放开。从此，政府不再实行统购包销，而是按照市场经济的法则加强宏观调控，放手让商品生产者和经营者在市场上自由交易，给市场增添了活力。

广州价格放开的成功经验陆续在全国其他城市推广，“广州模式”享誉国内。

1988 年，中央决定取消价格双轨制，实行“价格闯关”。5 月份起，全国中心城市的猪肉和其他肉类价格以 70%的幅度狂飙。物价飞涨让很多市民产生了巨大的心理恐慌，抢购风潮迅速在全中国蔓延。广州成为华南地区抢购风潮的中心。

1988 年 7 月，全国物价总指数升幅已达到 19.3%，大大超过了 10%的预期。由于市民对物价过快上涨的反映大大超出预期，8 月 30 日，国务院常务会议发出《关于做好当前物价工作和稳定市场的紧急通知》，指出价格改革方案中绝大多数商品价格放开，由市场调节，是指五年或更长时间的目标，价格闯关戛然而止。这一年广东的零售价格指数上涨 30.2%，远高于全国涨幅，面对改革开放以来最猛烈的涨价风潮，广东却成功完成了价格闯关。到 1988 年底，广东有 87%的商品放开了价格，几乎是全国的 3 倍。

三、从副食品到粮食价格

改革开放后，广东充分发挥改革开放的试验田作用，粮食流通体制改革也是开风气之先。粮价放开，广东突破价格难关向市场经济过渡，是持续时间长、影响面大、难度最大的一场变革。

（一）1953 年，粮食统购统销

1953 年，面对战乱之后几近崩溃的经济，国家开始实施粮食统购统销政策。所谓的统购统销，是指国家以补贴的方式，以统一的低价从农民手里收购粮食，再以统一的低价在城市进行销售。这种米价在当时俗称“平价米”。

作家卢跃刚在《大国寡民》一书中，曾介绍一段鲜为人知的背景：粮食统购统销政策缘起于 1953 年的粮食危机。

1953 年是我国“一五”计划的第一年，由于急速推进工业化，城市人口膨胀，当年城里人的粮食消耗量比 1952 年增加了 31.6%，而政府从农民手里

征收的粮食只增加了8.9%，形成了粮食收支的巨大缺口。屋漏偏遭连夜雨，这一年长江流域水灾，夏粮减产已成定局，农民与政府争粮，私营粮商同国家争夺粮源，这让当时负责经济工作的陈云惊呼："挑了一担炸药!"

在8种备选方案中，政策的制定者选择了最为严厉的"统购统销"。统购统销制度是我国计划经济体制下最重要的制度之一，确保了农业的积累源源不断地输往城市，但确实造成了农民在分配中处于极其不利的地位①。这项以牺牲农民利益来支持工业化的做法，在当时对稳定经济建设大局起到积极作用，但同时留下后患：农民收入得不到提高而缺乏生产积极性，城市的居民也只能长期吃着按定量供应的三级籼米，对政府来说，购销倒挂扭曲的机制带来的是沉重的财政负担。

1955年开始陆续印发粮油票证。当时为了保证城镇居民人人都有饭吃，每户都发一本《居民粮油供应证》（简称"粮簿"），按照定量、定点、定价的"三定"原则，粮簿上详细写明家庭每个人口的粮油供应标准。当时，每人每月能购买多少粮食都是固定的。有固定职业的，就按照工种；没有职业的，则按照年龄，按照相应标准的定量给予供应。当时的口粮标准，机关干部每月30斤，体力劳动者45斤，学生35斤，居民28斤……小品演员陈佩斯在回忆当年自己报考八一电影制片厂的经历时，更曾直言："受了那45斤的粮票的诱惑，最终'混进'了文艺队伍。"

粮簿是基本的购粮凭证，只有拿着粮簿，并到指定的粮店，才能购买。

（二）1955年，发行全国通用粮票

1955年8月25日，国务院第17次全体会议通过《市镇粮食定量供应凭证印制暂行办法》。也正是这一年，全国通用粮票正式发行使用。从此，各种粮食票证便开始进入中国社会，影响千家万户的日常生活，一个特殊的"票证时代"展开了。

第一套全国通用粮票是1955年发行。全套5枚，面额分别为4两、半斤、1斤、3斤、5斤。当时人们称之为"满天飞"，即只有带上"全国粮票"才能走遍全国。

几年之后，由于天灾人祸，中国进入"三年经济困难"时期。这时需要凭票购买的就不仅仅是粮食，还有布票、棉花票、肥皂票、手表票、缝纫机

① 陈锡文，赵阳，罗丹．中国农村改革30年回顾与展望［M］．北京：人民出版社，2008.

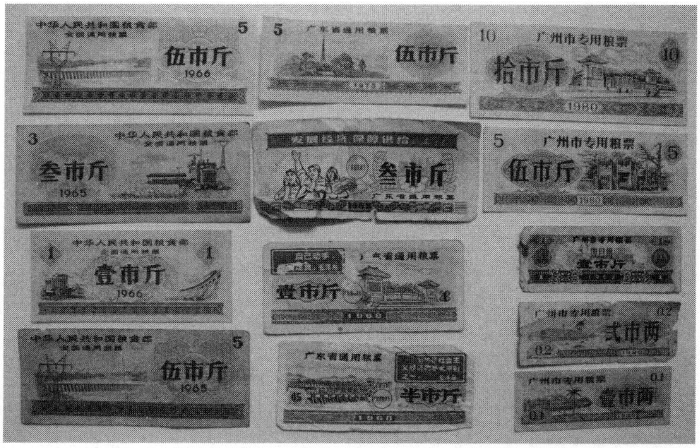

图 8－8　当年发行的全国通用粮票和广东省、广州市粮票

票……在所能想得到的吃穿用的方方面面，票证严格地控制着人们的欲望，中国几亿人口，在此后 30 多年中纳入全国统一的分配制度之下。

当时粮票主要有两种：一种是全国通用粮票，在全国范围内无论什么地方都能凭此票吃饭；还有一种是各省、市通用粮票，只用于全省范围内购买粮食。此外，各地区县也发行一些地方粮票。

广东省 1956 年发行首套省票，共有 3 枚，面额分别是“壹市斤”“伍市斤”“拾市斤”，1975 年发行的最后一套“省票”则共有 7 枚，面额最大的是“拾市斤”。广东省前后共发行过 5 套省粮票。票的设计与印刷，都由专门的机构来负责，保密程度非常高。

（三）广东粮价尝试放开的交锋

广东粮价尝试放开的试验田选在深圳，主要是借助深圳特区的政策优势，放开统购的政策口子，逐步缩小统购统销的范围。广东粮价在全国第一次挣脱高度统一管理，在深圳出现了牌价与议价并存的“双轨制”。

1979 年起，广东在全国率先缩小统购统销品种范围，取消涉外饭店的统销，粮油改为议价供应，取消某些水产品的奖售粮；1984 年，按照价值规律推行粮食购销价格联动改革；同年在深圳特区放开粮油价格，但范围仅限于特区，连宝安这些关外区域尚不敢推行。

1985 年，广东改革粮食购销体制，粮油由购销倒挂改为购销同价，合同订购以外的价格放开，实行自由购销。粮价在广东放开的面积扩大，力度加大。市场上粮食价格与价值的关系逐渐接近。

1987年10月，党的十三大召开期间，中央领导同志曾找参加会议的广东省领导林若、叶选平和杨德元谈话，特别谈到粮食问题，说在广东城乡粮价拉平的可能性比较大，通过征收特产税去补贴，公购粮任务可以不动，但粮食价格也可以放开。考虑广东作为试验区，广东自己的问题不大，而对内地的影响则要研究。

1988年，广东曾想将粮价在全省放开，但中央认为粮食价格全面放开，对内地影响太大，不同意广东这样做。于是广东就首先放开了食油的价格，并取消了居民供应的定量，这一举措，仍然震动全国。后来，逐步放开粮食价格。广东开放粮食市场，邻近的江西、湖南、广西等省（自治区）的粮食大量流向广东，车运的、肩挑的，什么运输工具都用上，当地领导堵也堵不住，对广东意见非常大。

图8-9　广州市海珠区粮油综合交易市场

当年的广东省粮食局局长董富胜至今还记得：1992年粮改前，广东向中央上报了《关于粮食购销体制改革的请示》，当时国家派工作组专程到广东进行调研了解情况，双方还开展一场辩论，但谁都无法说服谁。最后董富胜只好对一位部委领导长叹一句，“存在决定意识，你没有存在就没有意识，你的存在是北京，我的存在在广东，所以有差异，我知道你有难处，但是螃蟹总是要有人先吃的!”

这次辩论后，中央采取了灵活的方法，同意广东改革作为先行试验田，但中央财政对广东粮食的补贴分三年收回，也就是说，广东要“自费改革”。

（四）1992年，广东粮价全面放开

1992年4月1日，经国务院批准，广东省政府决定按照“计划指导、放开价格，加强调控、搞活经营”的原则，把粮食购销经营和价格放开，取消粮簿、粮票，告别了延续近40年的粮食统购统销的传统体制，使粮食的购销走上了市场调节的轨道。

1992年粮价放开以后，广东粮食产量连续三年下降，国内舆论对广东很不利，说广东不种粮了！当时省政府压力很大。朱森林回忆说，国务委员陈俊生特意来广东调查，他在佛山见了陈俊生。陈俊生指出，广东实事求是，该种什么种什么，因地制宜。

“我们分析，粮价放开后粮食产量下降，主要是因为粮食种植面积下降，这是农业产业结构调整的结果。粮食产量下降：一是面积减少。二是粮食质量提高，种植优质稻后，产量会相应下降。三是旱灾、水灾的影响。但这并不影响广东‘米袋子’安全。”

图 8-10　深圳率先在全国取消粮、油凭票供应，居民们排队争购最后凭证供应的大米和食油

在1993年粮食价格放开之后，粮票在全国不少地区出现过反复。而走在改革最前沿的广东，是未恢复粮票的极少数省份之一。

1993年以来，广东价格改革进入“放、调、管相结合”的阶段。除了小部分属于“四性价格（即垄断性、强制性、保护性、公共福利性）”由政府直接管理，竞争性的价格都要放开，并把原来实行“双轨制”的价格也向市场价格并轨。到2003年广东价格市场化的水平已达到：商品零售总额95.6%、农产品收购价96.5%、生产资料销售额87.4%。

2008年10月，广东省举办“广东30年改革开放重大事件”评选，在提出的50个候选名单中，按时间顺序排列为第26位的是：

1992年，广东成为全国第一个没有粮票的内地省份。

1992年4月1日，广东省进一步改革粮食购销管理体制，从是日起，全省粮食收购实行指导性计划和指导价，在全国率先放开粮食价

格，广东成为全国第一个没有粮票的内地省份。1993年8月27日，广东省政府发出《关于保护和稳定粮食生产问题的通知》，建立粮食生产保护制度。到1995年，广东粮食产量上升，达到350亿斤，解决了“米袋子”问题。

四、实施“菜篮子”工程

广州农村原来的生产布局，基本上属于自给自足的农业经济。改革开放前，广州市大部分鲜活农副产品，都要从外地调入。随着农村经济体制改革的进行，1983年，广州农村已实现了对生产结构的较大调整，粮食产值和经济作物产值在农业产值中所占的比重，由1978年的65∶35变为1983年的61∶39。此后在整个80年代中后期，市委、市政府制定了一系列政策措施，促使郊区农村经济向城郊型农业发展，力图把农村建设成城市的“菜篮子”。这些政策包括：

根据市委、市政府的安排，从1983年以后，郊区农村在种植业结构、农业经济结构、农村经济结构上，围绕建立城郊型农业，进行重点调整。

图8-11　实施“菜篮子”工程，建立城郊型农业

1984年，制订“服务城市，富裕农民，活跃市场，方便群众，增加出口，积极创汇”的方针，明确提出在确保粮食生产稳定发展的前提下，合理调整农村产业结构，全面发展农村商品经济，大力发展蔬菜、水果、花卉等经济作物和畜牧业、渔业。

1985年起，全面实施对农副产品购销体制的改革，以价值规律等经济手段刺激市场，以市场调节生产，引导郊区农业向城郊型农业发展。

1987年，制订《广州市“菜篮子”工程实施方案》，把建设城郊型农业作为经济发展战略的一个重要组成部分，从建立基地入手，把调整农村产业结构与“菜篮子”工程联系起来，制定了长、中、短期发展计划。

在种植业结构方面，粮食种植面积逐年减少，水果、蔬菜、花卉、黄豆、花生等经济作物种植面积有较大幅度上升。1991 年，粮食作物和经济作物所占耕地面积的比例从 1980 年的 70∶30 变为 60∶40。

在农业经济结构方面，种植业比重下降，林、牧、副、渔业比重上升。特别是渔业有了新的发展，塘鱼和海洋捕捞水产品的数量均有不同程度的增加。1991 年，种植业产值与林牧副渔业产值的比例从 1980 年的 73∶27 变为 64∶36。

此外，在抓好商品粮基地、甘蔗基地、油料基地、优质谷基地以及鸡场、猪场、奶牛场建设的基础上，郊区农村重点建设了一批瘦肉型猪出口商品基地，发展了一批优质鱼虾、乳鸽基地和蔬菜基地。为了满足城市的吃菜要求，郊区建立了一、二、三线蔬菜基地，蔬菜种植面积从 1984 年的不足 8 万亩扩大到 1990 年的 15.6 万亩。

由于城市建设的需要，郊区老菜田逐年减少，菜田不得不向远郊转移。1986 年起，广州远郊花县有 8 000 多亩菜田被列入广州蔬菜三线生产基地。在短短几年内，花县的蔬菜种植面积由原来的 8 200 亩拓展到 2 万亩，1989 年蔬菜生产量达到 4 551 万千克，每年调入广州的蔬菜 583 万千克。

到 1991 年，广州已初步形成了以菜、肉、禽、鱼、蛋、奶、果、花“八鲜”生产为主，农林牧副渔综合经营，常规生产和开发性生产并存的城郊型农业生产格局。1991 年，广州市蔬菜总产量达到 139.71 万吨，比 1978 年增长 1.5 倍；水产品 9.27 万吨，增长 1.93 倍。在农副产品数量不断增多，稳定供应的同时，产品结构也在不断优化，品种质量不断提高。1991 年，市场上的蔬菜品种有 400 多个，水果品种 150 多个，水产品种 46 个，各类名贵海鲜也批量生产，虾、蟹、鳜、鲈等已成为市场常客，上市供应市民。

到了 20 世纪 90 年代，广州市“米袋子”“菜篮子”工程的建设已取得突出成就，建成了一批粮、菜、肉、禽、蛋、奶、花等农副产品基地，全市农业商品率达到 83.44%。市场上蔬菜、牛奶、家禽、水果全部自给，水产品、生猪、蛋品自给率达 30%以上。生产发展了，商品丰富了，价格也趋向合理，人们购物也容易多了。改革 10 多年来，广州人

图 8－12　开放了市场，想吃什么都能买到，老百姓心里美滋滋（赵晓苏作）

均占有水产品的数量一直居全国首位，并成为全国第一个吃鱼比吃猪肉多的城市。市场上农副产品每天总流通量超过500万千克，而广州市民每天的消费量是360万千克，鲜活农副产品实现了从“卖方市场”向“买方市场”的转变。

温饱问题解决后，人们开始追求“吃好”的新境界。从1995年起，广州开始了新一轮“菜篮子”工程，探索新的流通方式，积极推进产供销、贸工农一体化经营，增加花色品种，以达到“鲜活、优质、营养、方便、无虫害”的消费要求。

1999年9月，全国十大城市第12次“菜篮子”产销体制改革经验交流会召开，认为国内“菜篮子”供求形势已经从长期短缺转变为供求基本平衡、丰年有余，我国“菜篮子”工程正进入一个新的发展阶段。

吃饱吃好都实现了，人们开始注重吃出健康，吃得精致。2001年4月，农业部开始实施“无公害食品行动计划”（次年更名为“三绿工程”），通过对农产品实行“从农田到餐桌”全过程质量安全控制，计划用8～10年的时间，基本实现主要农产品生产和消费无公害。

然而，近年来，各类食品安全事故频发，2007年4月16日，广州在全国率先出台《广州市食品安全信用信息管理办法》，明确农业生产基地必须提供疫情疫病控制、等食品安全信用信息。食品安全方面的政策法规筑成的一道道食品安全防线，有效防止了有害食品流入市场。

第九章

回顾：决策者记忆犹新

广州鱼价改革的决策者很多，其中一些人包括当年任广东省委书记、副省长，1981—1983年任广东省省长的刘田夫，1980—1990年广州市4任市长（按任职先后排列）梁灵光（1980—1983）、叶选平（1983—1985）、朱森林（1985—1988）、杨资元（1988—1990），前4人是1981—1996年16年间广东省4任省长；还有市水产局长兼党委书记尹春晏等。本书收集到他们回忆改革开放的文章，都以较大篇幅回忆鱼价改革的内容。在此作了适当整理，以决策者第一人称讲述，希望增强当年的现场气氛；同时介绍决策者的生平，让读者对决策者有更多的了解。

一、刘田夫：水产改革开放走在前

刘田夫，1907年生，四川广安人。1956年后历任广东省委常委、省委书记处候补书记，副省长兼秘书长；1961年后历任广东省委常委、省委书记处书记，副省长；1972年后历任广东省革委会副主任，省委常委、省委书记，副省长，1981年至1983年任广东省委书记、省长。

2002年4月21日在广州逝世，享年96岁。

广东的水产行业，同其他行业一样，在“文化大革命”期间，受到林彪、“四人帮”反党集团的严重破坏，生产萎缩，渔民生活困难。珠江三角洲历来是鱼米之乡。但是，由于受到极左思想的影响，鱼栏、农贸市场被作为“资本主义尾巴”割掉，议价商品来源受到限制，水产品的议价经营基本停止，鱼栏、货栈全部撤销，国营商业一统天下，水产品货源渠道单一，广东城镇居民陷入吃鱼难的局面。“文化大革命”时期，水产品购销受严重影响，货源短缺，居民实行每年凭票定量供应的办法，即使这样，但每年仍大约有10%～20%的鱼票不能买到鱼。广东水产品供求矛盾突出，鱼米之乡的广东出现“食无鱼”的严峻状况。

改革开放之后，广东水产部门一直走在改革开放的前列。为改变广东“食无鱼”的状况，决定改革水产品流通管理体制，运用价值规律，实行派购和议购相结合，对国家收购计划外的水产品实行产销见面，随行就市，按质论价，议价成交，以搞活流通促进生产，吸引鱼货进城。经省政府讨论决定，1979年，开水产改革开放之先河，率先在全国放开部分水产品市场。这一大胆改革，打破了长期以来由政府统一制定农副产品价格的局面，迈开了农副产品放开价格的第一步。由于货畅其流，商品适销对路，适应市场需求，因此，经济效益明显，并受到广大市民普遍欢迎。紧接着，又开放咸鱼海味市场和塘鱼、冰鲜鱼市场，允许计划外的塘鱼、冰鲜鱼上市，规定在完成国家计划后的各类水产品可以直接产销见面，议价成交，鼓励产销直接见面。

1979年市场刚开放时，鱼货价格较高，塘鱼价格急剧上升，鲩鱼比原来规定的牌价涨了3倍，鲩鱼每市斤从牌价的0.8元骤升到3.8元。群众反映强烈，甚至口出怨言。有的市民上书政府，说有议价鱼没有议价工资。后来，由于价值规律发生了作用，调动了渔农的积极性，鲩鱼价逐年下降。1985年降为1.8元。在搞活水产品价格的同时，还允许渔民、农民进城卖鱼，允许社队进城开设鱼店，允许商贩长途贩运，鼓励城市个体户开设鱼档，搞活了流通。市民不论平时还是节假日，随时都可以买到鲜鱼，市民的舆论也改变了，都说还是放开市场，放开价格好。

1984年，广东水产市场出现“南鱼北运”。据统计，1—10月，北运北京、天津、上海、长春、乌鲁木齐、兰州等地塘鱼、冰鲜及水产品5.7万多担。1985年4月，广东取消了鱼票。至此，广东持续30年凭票供应鱼已成为历史，省财政给国营水产企业的补贴也同时取消。

积极贯彻十一届三中全会的精神，在水产领域中实行体制下放，淡水养殖实行家庭承包责任制，海洋捕捞实行包产到船，以船为单位，进行核算。积极探索多渠道、多形式搞活水产流通经营的途径，提出水产实行生产、供销、出口一条龙，从而使海洋产品出口减少环节，既保证港澳市场的供应，又降低创汇成本。因而，广东水产年年增产增收，市场兴旺，发展势头良好。广东水产行业的改革开放，为其他行业改革开放起到了带头和示范的作用。

（节选自《情系水产及其他文集》花城出版社2000年版，第2～9页）

二、梁灵光：鱼价闯关杀出一条血路

梁灵光，1916年11月3日生，福建永春人。1980年11月调广东工作，任中共广东省委书记兼广州市委第一书记、市长。1983年3月任省委书记、省长，1985年7月任省顾委主任。

2006年2月25日在广州逝世，享年90岁。

2004年8月，在纪念邓小平100周年诞辰之际，梁灵光接受羊城晚报记者杨媛和李宜航的采访，回顾改革之初，受命南下，敢为人先，在偏隅省份如何杀出血路。他说，广东的改革开放，得益于小平和小平倡导的“解放思想”。

三句话，对我影响最深

1980年10月中央决定调习仲勋、杨尚昆回北京，由任仲夷和我接替他们的工作，仲夷同志任广东省委第一书记，我任广东省委书记兼广州市委第一书记、市长。

临行前，小平、剑英等九位中央领导找我们谈话，主要是小平同志，他谈了一个多小时。小平说：“要发挥广东优势，把特区搞好，特区不是仅指（深圳、珠海、汕头）那三个地方而是广东全省。”这句话让我豁然开朗，原本只预想在三个特区搞改革开放，现在变成了整个广东省，这是要我们放手来搞啊。

小平还说：“你们要抓住当前有利时机，敢想敢干，摸清规律，先搞出个样子来……我们没有这方面经验，你们要摸着石头过河。”小平的这次谈话大大开阔了我们的视野，增强了南下的决心和信心。

此前，小平还对习仲勋同志说过：“中央没钱，给些政策，你们自己要杀出一条血路来。”我想，小平同志是要我们自力更生，艰苦奋斗。

这三句话，对我影响最深。到广东后，我就是按照这三句话来解放思想、推进改革开放的。

一身“症”，情况比预想差

当时，广东的经济情况比预想的要差，经济水平在全国处于中等偏下。1979 年，全国人均工农业总产值为 636 元，而广东才 523 元，比全国低 17.8%。市场上，物资紧张，凭票供应，老百姓购物的票证多达 46 种，有人戏说“广东人一身都是‘症’”。交通不便，住宿条件差。港商来广州参加交易会时说广州是“进不来，住不下，出不去”。电话不灵，市面流传“广州有一怪，骑自行车比打电话快”的说法。

广东搞改革开放也有很大优势。一是“天时”。指的是有邓小平理论的指引。中央还给了广东“特殊政策，灵活措施”，这是广东对外开放得天独厚的优势。二是“地利”。广东毗邻港澳，是近水楼台先得月。当时香港 500 万人口中有 400 万是广东籍的，这对我们吸引港资有利。三是人和。据统计，广东在海外有 2 400 万华侨和港澳同胞，省内有 1 200 万归侨侨眷，如能把这 3 600 万人团结好、发动起来，就是一股很强大的力量，就可以大大加快广东的改革开放。实际上，从 1979—2003 年这 25 年中，广东引进外资 1 405 亿美元，其中 70%以上是香港和海外华侨提供的。

突破口，放开塘鱼价格

要改革开放，要“先行一步”，要“杀出一条血路”，首先要解放思想。

我们就从解放思想、统一认识做起，首先认真学习十一届三中全会精神，清除“左”的影响。然后根据干部反映“特殊政策不特殊，灵活措施不灵活，先走一步不先走”的问题，省委提出要把“三不”变成“三真”，强调要“三放”，即“对外开放，对内放宽（搞活），对下放权”。还有就是正确认识和妥善处理好中央当时提出的八字方针——“调整改革、整顿提高”与开放搞活的矛盾。

当时，选择的改革突破口是以广州塘鱼价格放开为突破口的。当时，我们决定放开塘鱼价格，政府不再“统得过死”。放开第二天，塘鱼价格从几毛钱涨到了几块钱，市民反应很大，有的还打电话到中央告状。总理专门给我打电话询问。我坚持认为：这是按客观经济规律办事，塘鱼原来越统越少，农民没生产权没销售权，哪有积极性；放开价格，当然有个波动有个阵痛。半年后，塘鱼生产逐步上升，价格有所降低。三年后，统计了一下，全国 18 个大中城市，广州市民吃的鱼最多、鱼价最便宜，而且还南鱼北运！塘鱼价格放开，初战告捷，使我们改革开放的信心大增。

请“指示”，答复“现在不讲”

当时，我们都很希望小平同志能来广东看一看，给我们减减压、鼓鼓劲、指指路。1984年1月，小平同志到广东特区考察，由我全程陪同。我们先到深圳视察市区电子厂及蛇口工厂等，还去参观渔民新村。该村34户，全部住上小楼房，人均年分配是2 800元，小平同志说，假如全国都能达到这个水平就好，村支书说，这全是托邓伯伯的福，小平说：“是党中央领导正确。”深圳市委要他作指示，他说：“创办特区是我提出的，办得行不行，我这次来看看，现在不讲。”

途中，小平的女儿高兴地说：“爸爸，您看深圳的情况多好啊，到处都是兴旺的气象!”小平听了，仍未表态。

接着我们乘船到珠海特区视察。两天后，珠海市委请他题字，他挥笔写下“珠海经济特区好”。回广州后，深圳市委专门派人来也要求题字。小平同志又题写了“深圳的发展和经验证明，我们建立特区的政策是正确的”，并且落款时间题的是在深圳视察时的时间，这说明他在视察深圳时就已经肯定了改革开放的成果。

这次经过小平同志的题词，肯定办特区、搞改革开放都是正确的，也肯定了广东的改革开放，是给我们最大的支持与鼓舞。

小平同志回北京后跟其他中央领导同志说“深圳发展很快”，“可再开放几个港口城市”，又说“我们建立特区，实行开放政策，有个指导思想要明确，就是：不是‘收’而是‘放’。”根据他的意见中央决定继续开放14个沿海城市，包括广东的广州、湛江在内。

“南巡”时，给我一个启发

小平当时还提到，深圳是个特区，今后的发展要与香港协调，要促进香港的稳定、繁荣。

这引起我的深思。深圳当时刚刚开放不久，经济水平还很低，力量薄弱，要与香港协调发展，促进香港稳定繁荣，力量还有所不足，我想如果以珠三角的广州、深圳、珠海为重点，把周围地区联结起来，形成珠江三角洲经济开放区，力量就大得多，联合起来优势互补，可进一步发展全省、支援华南、西南以至全国，也可联合走出去，参加国际竞争。因此，我建议建立“珠江三角洲经济开放区”。经省委同意，我向刚好来广州的谷牧副总理汇报了这个想法，他也表示同意。之后，上海知道了，也提出要搞长江三角洲开放区，福建提出建立厦门、漳州、泉州三角区开放区。1985 年 1 月国务院召开会议，讨论改革开放区的问题，结果三家都批了，定三个三角洲为开放区，享受沿海开放城市的优惠。

党的基本路线和小平倡导的"改革开放"，使广东发生了翻天覆地的变化，成为全国经济发展的排头兵。广东的实践，充分印证了邓小平理论的正确和蓬勃生命力。

（节选自《羊城晚报》2004 年 8 月 17 日）

三、叶选平：闻涨莫惊，闻降莫喜

叶选平，1924 年 11 月生，广东梅县人。1980 年任广东省副省长兼省科委主任，1983 年任中共广州市委副书记、市长。1985 年 8 月任中共广东省委副书记、省长。1991 年 4 月在七届全国政协四次会议增选为全国政协副主席。1993 年起任第八、九届全国政协副主席。

1985 年 4 月，由中共广州市委研究室主办的《南风窗》杂志出刊。叶选平市长在《南风窗》创刊号上发表题为《我是你们的大司务长》的文章。文章说到鱼价放开问题，节选如下：

市长，就是个大司务长，管几百万人的吃喝拉撒，连垃圾、粪便都得管。就说 1983 年春节吧，连着下雨，菜也种不上，公厕里的粪便也清不出去。海珠区本来是一天 20 吨粪，下雨变稀变成每天 50 吨，拉不出去。那时我就同外地来的同志开玩笑："要来可以，别拉屎就行。"

我们这些领导人是供给制出来的，从前不管家，"吃饭不知柴米价"。当然，管财贸的同志是知道的。现在呢，中央领导同志远在北京，广州的菜价他们都很注意，一清二楚。万里同志到广州来，还特地去看了清平市场。

广州蔬菜的价格开放了，曾经出现猛涨。1982 年春节，鱼曾经涨到三元一斤，现在已经降到一块八左右了，最便宜还出现过八角钱一斤。总之我说，价格放了，"闻涨莫惊，闻降莫喜"，会有调节的，过喜过惊都不必。

作为市政府这个大本营，要逐步形成一个班子抓经济建设，一个班子抓社会建设，包括城市管理。一个赚钱、一个花钱，泾渭分明。市政府机构现在是按战线分，也要适应横向联系；需要进行改革。

四、朱森林：放开菜价震动中南海

朱森林，1930年10月生，上海川沙人。1981年后，历任广州市委副秘书长兼办公厅主任、市委常委兼政策研究室主任、广州市委副书记兼市委党校校长、广州市经济技术开发区管委会主任；1985年后，任广州市代市长、市长；1988年后，任广州市委书记、省委常委；1991年后，任省委副书记、省长；1996年后，任省人大常委会主任。

从广州市领导到广东省领导，朱森林经历了广东改革开放最关键的20年。他将改革开放比喻成了一场接力长跑，而他，一个改革开放的亲身实践者，在这场接力赛中，是一个接过中间两棒的运动员，一棒在广州，另一棒在广东。

2004年6月，中共广东省委党史研究室主任陈俊凤等采访朱森林，朱森林清楚地记得是一张兑现不了的鱼票，激起了时任省委第一书记的习仲勋推行城市价格改革的决心，广州在这场改革中充当了“第一个吃螃蟹”的角色，在全省乃至全国率先放开蔬菜、塘鱼、水果和猪肉的价格。

改革前广州有“三个不”

我记得1987年的十三大，那一次很有意义的是安排了一个中外记者招待会，选了沈阳、武汉、重庆、广州四个城市的书记或者市长去回答记者提问，这恐怕是国内最早的记者招待会了。我代表广州被邀请去了，主要是回答大家对改革开放的关注。

当时广州的改革主要是以市场为取向的流通体制改革，从价格体制上解决流通僵化问题。上世纪70年代末，广州物资匮乏，那时一种流行的说法，叫广州“四季如春没菜吃，鱼米之乡没鱼吃”。

还有“三个不”——“电灯不明，电话不灵，道路不平”。电灯不明是指电力供应很紧张，通常是开三停四，当时媒体出过一个漫画，就是从冰箱里面拿出了烤鸡。讽刺经常停电了，冰箱不冰了，居然拿出了个烤鸡了。说电话不灵主要是指打电话还不如骑车快，道路呢也是坑坑洼洼的。

这怎么得了？所以很自然就想在供应问题上做文章。主要考虑到是不是价格控制过死影响了农民和企业的积极性，计划种植、计划收购、计划定价，流通体制僵化，样样要凭证，粮票、鱼票、肉票、布票……当时有一件事对习仲勋的刺激很大：市民把兑现不了的鱼票（五毛钱）寄到他那里。

我当时在从化县任革委会副主任时，对此也深有体会。广州当时要求过年供应每户一只鸡，各级供销社要保证负责把鸡收上来，上交到市里，然后供应市民。为完成任务，我与供销社人员一起拿着秤、鸡笼，跑到农户家去收购。因为收购价低，农民不愿卖，卖也是卖瘦鸡。两者关系紧张，闹得“鸡飞狗走”。

蔬菜也是统购统销，每亩种多少，多少上市，完不成任务受处罚。农民为了完成任务，当时拼命增产，讲数量不讲质量。一条空心菜被人称为“无缝钢管”，只有1/3能吃，还有1/3当垃圾，1/3喂牲口，所以“可食率”成为当时的专有名词。

“白菜三毛”，告到中央

广州改革不是从农村开始而是先从城市价格放开开始的。

大家很有体会，就从副食品、蔬菜开始放开价格，蔬菜价格放开牵连到其他价格。所谓价格放开就是要利用价格杠杆调节农副产品价格，解决物资供应不足的问题，当时广州虽没有把它放在价值规律这个高层面上来认识，但是实际的操作是按价值规律来办的。

我带市委政策研究室一些人到芳村做了调查，认为应该给农民种植自主权，否则农民就不能发挥生产积极性。后来，市委在这方面特别是生产自主权方面让农民放开经营。主要是三放开：“放开任务，放开价格，放开流通渠道”。

1978年芳村最先放开河鲜、蔬菜、塘鱼价格，此时正值召开党的十一届三中全会。1981—1983年，全市蔬菜、塘鱼、水果等价格陆续放开。到放开猪肉价格时，政府采用补贴方式，把市民因价格上涨造成的损失补回一些。1984年11月，广州蔬菜价格全面放开，价格上浮，加上天气影响，菜价上涨较大。市民情绪波动，反响强烈。有人说怪话：“形势大好，白菜三毛”（原来5分钱一斤）。有些人甚至写信告到中央，震动中南海。中央领导曾亲自打电话来广东询问情况。但长痛不如短痛，广东和广州不顾“阵痛”，顶着来自各方面的压力，成功实现了价格“闯关”。经过一段时间放开价格之后，价值规律发挥了杠杆作用，调动了农民的生产积极性，农副产品普遍增多，价格逐步回落，并日趋稳定。不仅农民增加了收入，市民也得到实惠。广州价格改革取得了明显成效，在全国反响很大。

1987年5月30日至6月3日，国务院在广州流花宾馆召开全国十大城市蔬菜体制改革经验交流会议，出席会议的有商业部、农牧渔业部、国家物价局、国家工商局以及全国十大城市的代表。我在会上代表广州市政府作了广州市蔬菜产销改革汇报发言。当谈到放开蔬菜价格时，李鹏说，这个方法在广州看来是成功的，但要在全国推广很难。我在汇报发言中提出不是所有品种都放开，先是塘鱼价格放开，接着放开部分蔬菜价格。各地代表对此反应热烈，认为广州的经验值得借鉴。

广东率先放开粮价

后来我到了省里工作，推行的改革中很重要的一项就是针对粮食的购销体制改革。1992年，广东就在全国率先放开粮价，之后连续三年，广东粮食产量下降，国内舆论对广东很不利，说广东不种粮啦，弄得省政府压力很大。由国务委员带队的调查组来广东调查，还是比较客观看待了广东的粮食问题。我在佛山见了陈俊生，他对我说，广东实事求是，该种什么种什么，因地制宜。我也曾先后当面给李鹏（总理）、江泽民（总书记）汇报，认为广东要提高粮食自给率，广东城乡人民基本口粮自给是可以解决的，但广东土地少，饲料粮（大豆、玉米）、食品工业粮、外来人口粮是不能解决的，要广东负担这些是办不到的。

其实，粮价放开前，我到国务院向邹家华（副总理）汇报，国家物价局起初是不赞成粮价放开的。后来听取周边几个省的意见，几个省都同意广东放开，原本湖南因粮食流向广东，本省粮价抬高，曾采取堵卡措施，防止粮食流向广东，这时也同意广东放开粮价。

放开之初，粮食产量下降，主要是因为农民拥有更多的种植自主权，觉得种粮收入较少，有一些农田并不适合种粮，就减少种粮面积；原先追求高产量是为了交公粮，粮食质量不高，而种植优质稻，产量会相应下降。我们就提出要建立“米袋子”工程，实行省长负责制，规定每年的粮食种植面积不少于5 000万亩（复种面积），总产不少于350亿斤。

到1995年广东粮食产量上升，达到350亿斤，解决了“米袋子”问题。

（节选自中共广州市委党史研究室编《亲历改革开放2》，广州出版社2008年版）

五、杨资元：广州物价改革三件事

杨资元，1928 年 2 月生，广东梅县人。1980 年后历任广州市经委主任、市对外经贸委员会主任、市国际信托投资公司总经理。1985 年 3 月至 1988 年 6 月任广州市常务副市长，1986 年 12 月至 1990 年 12 月任中共广州市委副书记，1988 年 6 月至 1990 年 6 月在广州市第九届人民政府中任广州市市长，1990 年 11 月至 1993 年 6 月任广州市政协主席。

2008 年 6 月，广州市政协召开历届主席、副主席和历届委员座谈会，纪念改革开放 30 周年。这些广州改革开放的见证人、改革开放实践的组织者和参与者，抚今追昔，感慨万千。杨资元比较完整地参加了广州经济腾飞起步阶段的领导工作，亲身经历了广州改革开放以来的风雨历程。他通过自己的“亲历、亲见、亲闻”，对广州乃至中国改革开放的历程，特别是放开物价等问题进行了回顾。中共广州市委党史研究室廖惠霞于 2007 年 1 月 19 日和 2008 年 4 月 25 日两次采访了杨资元，后以《杨资元：广州改革开放若干问题的回忆与思考》为题，编入中共广州市委党史研究室编《亲历改革开放》（广州出版社 2008 年版）。笔者根据上述材料，整理内容如下：

广州的物价改革有几件事情：一是放开鱼价；二是放开菜价；三是放开粮价。

放 开 鱼 价

广州改革开放从放开价格开始。1978 年 12 月，广州市在全国率先开放水产品市场，放开河鲜杂鱼价格，成立第一间国营货栈——河鲜货栈，实行产销见面、随行就市、按质论价、议价成交。

水产品价格放开后，塘鱼价格猛涨，从每斤 1 元升至 7 元。一时间人心浮动，市民意见很多，投诉电话甚至打到党中央国务院办公室，也有人提出了“恢复统购包销”“恢复凭证供应”等言论。党中央国务院办公室也几乎每天都打一次电话询问，当时我在市政府就负责收集情况上报中央。中央领导询问的问题很细，记得有一次问道：“为何广州市场上鱼头的价钱高于鱼肉？”我回答道：“广州人普遍爱吃鱼头，因此鱼头价高。”

这事叶选平听说后，就跟我说：“看来中央很注意广州的价格改革，我们一定要搞好，特别是价格问题，要注意多收集群众的反映。”结果我们听到的市民反映，大部分都是叫好的，赞成的。同时，市里也采取了一系列措施疏导舆论，赢得市民的理解和支持。一两年后，随着水产品价格的放开，养鱼人的积极性提高了，塘鱼生产节节上升，产量迅速增加，市面上的鲜鱼越来越多，广州人吃鱼变得容易了。

放 开 菜 价

放开菜价也经历了同样的过程。60 年代到 70 年代末期，广州市的蔬菜是下达任务交上来的，干部下乡要带上一杆秤，而菜农为了保证完成上交任务，一般都种粗菜，越老越粗，才越有重量。市民们印象最深的大概要数通心菜，大家叫它“无缝钢管”，又老又硬又长。因为它粗且生易长，菜农最爱种，可市民就吃得皱眉头。

为了市场的蔬菜供应，市领导可谓是费尽心机，也曾组织过工作组下乡，但收效甚微，甚至连逢年过节要供应市民的蔬菜都难以保证。1978 年，情况开始转变。这年 8 月，广州市对蔬菜流通体制进行了一次改革，实行渡淡品种统购包销，大路蔬菜幅度议价成交，小品种自由议价。1983 年，蔬菜流通体制的改革又进了一步，对蔬菜产销实行“管六放四”，即上市蔬菜六成由国家收购和幅度议价成交，四成放开，不限不保。也就是管住大路菜，放开时令蔬菜，实行蔬菜产销“双轨制”。蔬菜供应开始活跃，品种增多。

这时候，来自各方面的议论和压力都不少。当时全国所有城市的蔬菜都实行政府定价，广州是华南地区最大的城市，人口众多，蔬菜不能自给，放开菜价如果把握不好，有可能波及社会的稳定。在这种环境下率先放开价格，需要有勇气，也需要有创新的精神。但广州还是坚持下来了。结果表明，率先放开价格，换来了市场的繁荣。市场一放开，各地的农副产品源源不断流入广州市场，市场蔬菜供应顿时改观。此后，上市蔬菜越来越多，质量越来越好，市民的满意度也越来越高了。

放 开 粮 价

放开粮食市场也同样经历了一番艰辛。一直以来，广州市民的粮食 2/3 由外地调入。从 1985 年开始，全国粮食生产滑坡，粮价猛升，粮食供求处于紧张状态。邻近的产粮大省为防止粮食流向广东，本省粮价抬高，于是采取堵截措施，限制粮食南下，使得流通渠道受阻，粮食更加货紧价涨。

到了1988年夏，广州的粮食供应非常紧张，一段时期仓库存粮只能供应15天。那是凭粮本供应粮食的年代，市民的粮食全部由政府统一供应，没有自由买卖粮食的市场。对于一个有着几百万人口的城市来说，15天的存粮是个非常严重的问题。在此之前，市民就有过误信流言抢购物资的事情，一个老太太甚至抢购了几十包食盐，市民也有抢购肥皂粉甚至缝纫机的。如果存粮不足的消息传出，后果不堪设想。这时分管农业的副市长黄伟宁亲自出马，到湖南、江西、安徽等地找粮。当时的湖南省委书记说："广州把种粮食的土地用来种蔬菜和水果，赚了钱，买我们的粮食是剥削了我们。"因此派出民兵把守铁路、公路和航运，不让粮食出省，不卖粮食给广州。尽管湖南省这时很缺外汇（我们是用美元购买粮食），但湖南仍然不肯答应卖粮。严峻的形势，促使我从香港进口粮食，以解燃眉之急，同时也下决心尽快改革粮食价格，放开粮食市场。

这次粮食风波带给我们的好处是：这年12月，市政府在市郊三元里走马岗开放了广州市第一个粮食交易市场。这个市场一出现，省内外的农民就纷纷运粮过来出售，因而吸引了不少省内外的粮源。当时广州是改革开放的热土，广州城里聚集了大量民工，尤其是建筑工地有为数众多的民工，他们没有粮食供应，就到走马岗买粮。有了走马岗这个粮食市场，广州市粮食供求紧张局势得以局部缓解。

几年后，我到张家界旅游，遇到一个湖南省的领导，大家说起这件事，那个湖南省的领导说："这件事情成为湖南思想不解放的典型范例。"

1992年4月1日，广州市在对粮、油购销价格进行多次调整的基础上，率先于全国全面放开粮、油价格，广州成为全国首个放开粮油销售价格的大城市。

六、尹春晏：广州改革从放开水产市场起步

尹春晏，1924年生，山东莱阳人。解放初期南下干部，1976—1986年任广州市水产局局长兼书记、党委书记，一直到1986年离休。

中共广州市委党史研究室周艳红于2008年4月25日采访尹春晏。尹春晏详细回忆当年放开塘鱼价格，开放水产市场的过程：

吃鱼难，根本出路在于开放市场、搞活价格

大家知道，我国的改革开放首先是从农村开始的，搞包产到户，搞家庭联产承包责任制。而广州市经济领域的改革，是从流通领域开始的，而且是先从水产开始的，从价格改革开始的。改革开放的办法，就是放开水产市场，放开价格。放开市场，能不能搞活，关键在于价格，价格活了，市场就活了；价格死了，市场也就死了，这就是价值规律的作用。

1976 年 3 月，我被任命为水产局的党委书记兼局长。我上任后，发现广州市存在一个吃鱼难的问题，在计划经济条件下，一切都要凭票，吃鱼也一样，一个月每个人二两鱼票，过期就不可以用了，我们一家五口人，就把五张鱼票集中起来，清早起床带一个小板凳去排队买鱼，买到了，5 个人这一个月就能吃一斤鱼，买不到，这个月就没有鱼吃。长期以来，广州市吃的鱼都是省计划从顺德、南海调拨来的。我最先任水产局长时很轻松的，只要向各地催来调拨就行了，然后发一些鱼票。为此，我认真思考，给自己出了两道题目：一个是广州市近邻顺德、南海以及郊区番禺是水网地带，养鱼很多，广州又是沿海，水产资源很丰富，为什么广州市民吃鱼那么难？第二个是这个吃鱼难问题的出路在哪里？

我回顾了几十年我国的计划经济、计划管理过程，得出这样一个结论：产品一放就活，一活就乱，一乱就关，一关就死。一放就活，一活就有东西了，水产方面就有鱼吃了，我所说的活是指价格活，至于乱，实际上是一个观念上的问题。这样，就得出一个结论：没有鱼吃的根本问题在于就是市场关闭，价格管死，解决吃鱼的根本出路在于开放市场、搞活价格。

我把我的想法报给管财贸的副市长左铭。一晚，左铭约我到他家里谈水产市场改革的问题，从八点一直谈到凌晨一点钟，左铭夫人还专门给我们做夜宵。左铭一直听我说了四个多小时，所以我们下决心搞水产市场的开放。

叶选平市长给了最大的支持：没有关闭水产市场

为求稳妥，我们的改革是从三类产品开始，这是不列入国家计划的。第三类水产品是指一些生鱼、鲫鱼、塘虱、泥鳅这些鱼，我们将之称为河鲜杂鱼，品种很多。根据国家规定，三类产品是可以在市场流通的，但是

在左风盛行的时候，特别是在“文革”期间，三类产品也被管死了，全部市场都关闭。为求稳妥，水产市场的改革就从这些三类产品进行，国家计划的产品我们没有放开，所以水产市场的开放是渐进的，不是一次就全部开放的。在当时的历史条件下，省里调配指标不可能开放，如果将这些都开放，那么省里就不会再调配计划产品过来，那是一件很严重的事情。

我们最先开放的水产市场是在一德路，那里成为水产品的聚集地。放开一段时间后，水产品丰富了起来。慢慢地，水产市场不再只有三类产品，一些国家计划调拨的产品也开始出现了，一些高档水产品也出现了。于是就出现了两个价格，一个是计划价格，就是我们所说的牌价，另一个则是开放的水产市场的价格，就是所说的议价。市场经济的核心问题是价格问题。这时出现一个问题，那就是市民买到了鱼，都非常高兴，但是一掏腰包就很有意见。于是就有人反映到市委，很多人把鱼票寄给我，为此我每天可以收到好几张鱼票，也有人将鱼票寄到了省、市一些领导那里。这给了我们很大的压力。此时有报纸出了一张漫画，一边画着计划分配的水产品，里面空空如也，一边画着放开的水产品，琳琅满目，应有尽有。这又给我们增加了压力。

在这样的情况下，市长叶选平来视察我们水产局。我们都很紧张，怕他下令关闭市场，为开放市场我们付出很大的努力，关闭容易重新开放难，那么一切努力都白费了。叶市长最先来到一德路的河鲜杂鱼购销部调研，我们忐忑不安地、系统地详细地作了汇报，叶市长仔细地听我们汇报，我们发现叶市长的态度越来越好，不像要发怒的样子，我们也越来越放心，最后我提出了一个问题：“我可不可以讲讲价值规律?”叶市长一听，马上引起了兴趣，让我说下去。我说道：“我们国家承认价值规律，也说价值规律可以认识，可以利用，不能违背，违背价值规律就要受到惩罚，过去我们水产市场供应非常紧缺，就是违背了价值规律。”叶市长认真听了我的话，没有表态，最后他讲了一句话：“你把你这个观点向中央反映。”后来中央也有人调查广州水产市场，我也向他们反映了我的想法。

广州市水产市场的改革为全国树立了典范

广州在全国率先放开了水产市场，市场一开放，就像打开了闸门，各地的鱼都争先恐后地“游”到广州来了。河鲜杂鱼，从 10 多个品种增加到上百个，冰鲜鱼从过去不分品种混装改为用箱分装，名贵的基围虾、风鳝、石斑等“贵族”活海鲜也开始源源上市。

1983年，广州水产总销量达8.29万吨，原来每年亏损多达210万元的市水产供销公司当年盈利600多万元。市场放开后，广州成为全国第一个成功解决吃鱼难的大城市。一德路的水产市场一片繁荣，全国各地的商贩来了，早市一片灯火辉煌，水产品应有尽有。我们又将一德路的门面进行了重新装修，一德路最好的门面都是卖水产的。随着水产市场的放开，价格也低了下来，后来深圳特区的水产市场也开放，他们有出口的权利，需要外汇，于是我们将好水产高价卖给深圳，由他们出口赚取外汇。

广州市民从食无鱼到食有鱼，从食死鱼到食活鱼、食海鲜，广州水产市场发生了明显的变化。这一变化引起各方面的重视。

1983年11月19日，《羊城晚报》一版头条位置以题为《广州初步解决“吃鱼难”问题》，介绍了市水产总公司当年仅10个月就销售水产达6 000万斤，免除了国家政策性亏损（年补710万元），而且还盈利300多万元。1983年12月18日南方日报一版头条新闻题为《喜看广州市民“食有鱼”》，介绍广州水产市场改革开放的成功经验，认为取得的成绩是计划经济与市场调节的成功结合。

在水产市场改革的带动下，1984年，广州市的蔬菜流通领域改革也开始了，广州市经济领域的改革又向前迈了一大步。

1984年1月4—14日，农牧渔业部在广州召开全国城市水产品生产供销工作会议，推广广州开放市场的做法，这次会议是解放以后最大的一次水产会议，农牧渔业部部长林乎加、国家水产总局负责人孟宪德以及全国各省、直辖市、自治区的水产厅（局）长、水产公司的经理、大中城市管财贸的副市长都来参加了这次会议。会议在广州宾馆召开，我在会上介绍了广州改革水产品流通管理体制的做法。会议期间，我们安排组织与会者参观一德路的水产市场早市，凌晨一点将与会代表叫起床，来到一德路。大家看到市场灯火辉煌，一片繁忙，产品应有尽有，代表们感到非常惊奇，一致认为这样搞水产就有搞头了。会议后，来广州取经的人更多了。《羊城晚报》也作了详细的报道，为此广州市水产市场的改革乃至流通领域的改革得到了全国的认可，在一定的程度上推动了全国范围的改革，为市场经济的建立提供了很好的经验。

1985年3月，国务院发出了“关于放宽政策，加快发展水产业，水产品划为三类产品，一律不派购，价格开放，实行市场调节”的指示。4月1日，广州取消了最后一张鱼票。随着广州水产市场的全面开放，沿袭了几十年的凭票买鱼彻底成为历史的回忆，市财政给国营水产企业的补贴也同时取消。现在，广州已经发展成为全国最大的水产品集散地之一。

（节选自中共广州市委党史研究室编《亲历改革开放 2》，广州出版社 2008 年版）

第十章

肯定：专家们高度评价

当年的广州水产品价格部分放开后，塘鱼价格猛涨，从每千克1元升至7元。一时间人心浮动，市民意见很多，中央领导人也多次过问广州市场的物价，形势紧张的时候几乎每天都打一次电话来询问。也有人提出了“恢复统购包销”“恢复凭证供应”等言论。鱼产区也找上门，反映广州放开水产品市场影响计划收购，冲击国家计划。当时国家经济体制改革委员会派出官员，带着专家来明察暗访。后来，这些专家在回忆改革开放时，他们都说到鱼价改革的问题。本书收集到原国务院农村发展研究中心副主任吴象、原国家体改委副主任高尚全（1999年起任中国经济体制改革研究会会长）、全国渔业经济研究会原会长詹武（中国社会科学院农业经济研究所原所长、原国家体改委委员）、农牧渔业部水产总局长孟宪德（曾任中共广东省委常委、副省长，农垦部副部长）、广东省经济学会会长曾牧野（广东省社会科学院原党组书记兼副院长）、广东省农村发展研究中心原主任马恩成（广东省农业委员会原副主任）、广州市委研究室原副主任王利文（广东省人民政府社会经济研究中心原副主任、巡视员）等人的回忆文章，并作适当整理，以专家第一人称讲述，以让读者全面了解当年的情况。

一、吴象：广东敢于放开价格

吴象，1922年1月生，安徽休宁人。“文化大革命”后，先后任中共山西省委、安徽省委副秘书长兼政策研究室主任。1980年春，调中共中央书记处研究室任室务委员，1982年起任国务院农村发展研究中心副主任，1987年改任顾问。曾受聘任七届全国人大内务司法委员会顾问，并受聘为北京大学等院校客座教授。

吴象曾担任安徽省委第一书记万里的秘书，是协助万里在安徽推动改革的著名“三农”问题专家之一，为我国农村改革作出过有益贡献。著有《阳关道与独木桥》《中国农村改革实录》《农村经济论集》《人在山水中》等。《阳关道与独木桥》获1984年度孙冶方经济科学奖。

在纪念中国农村改革30周年之际，吴象接受了广东万国城市经济研究院编辑陈顺军的采访，就广东改革开放尤其是农村改革发展的问题进行了一席谈。

英国《经济学家》杂志的一篇文章曾经说，广东出现了“爆炸性的经济繁荣”。作者在这篇文章中称，1980年广东工农业总产值是138亿美元，10年后的1990年一跃增加到442亿美元，年增长率为12.5%，广东这一年的出口额占到了全国的1/3。而就那年的前7个月而言，其工业产量和出口就比上年同期增长了25%。

广东之所以有今天，是改革的功劳，也是开放的功劳。……广东可能由于历史上商品经济比较发达，所以开放市场胆子比较大，动手比较早。

广州在这场改革中充当了“第一个吃螃蟹”的角色，在全省乃至全国率先放开蔬菜、塘鱼、水果和猪肉的价格。当然，就这方面来讲，广州市和广东省是担了点风险的，也确实挨过不少骂。1984年11月，广州蔬菜价格全面放开，价格上浮，就有人说起了怪话：“形势大好，白菜三毛(原来5分钱一斤)。”甚至写信告到中央，震动了中南海。广东和广州最终顶住了压力，把价格放开了。而经过一段时间之后，价值规律发挥了杠杆作用，价格放开调动了农民的生产积极性，他们因为价格放开尝到了甜头，种菜、养鱼……积极性高了，农副产品产量就上去了。产量上去了，供给产品多了，于是价格就逐步回落，又下来了。与全国各大城市相比，当时广州的鱼、蔬菜、水果的价格最低，而且品种多、质量好，所以群众对价格改革的心理承受力也提高了。价格放开不仅增加了农民的收入，市民也从中得到实惠。广东在大胆放开价格的同时，又不乱来，先放鱼的价格，对猪肉价格暂时不动，或实行“双轨制”，凭票的继续保证低价供应，议价的敞开供应。过了一段时间，猪肉价格也放开了。放开鲜菜价格的时候，也是“大路菜”先不动。这样，最低消费有了保证，压力分散一点，容易顶得住，改革就容易成功。这样子看来，广东人比较懂得价值规律，善于运用价值规律。

（节选自《广东农村改革发展史论》人民日报出版社2009年版，第37－39页）

二、高尚全：鱼价放开，搞商品经济没错！

高尚全，1929 年 9 月生，上海嘉定人。1982 年起在国家经济体制改革委员会（简称“体改委”）从事经济体制改革的研究、设计和有关领导工作。1985—1993 年任国家经济体制改革委员会副主任。1993—1997 年任香港特别行政区预委会和筹委会委员、经济小组组长。1993 年起享受国务院政府特殊津贴。1994 年获香港理工大学中国杰出学人奖励。从 1999 年起任中国经济体制改革研究会会长。

1984 年，高尚全在参加《中共中央关于经济体制改革的决定》起草工作中，提出了“商品经济是社会经济发展的一个必经阶段”的观点。当年他在广东调研期间的一次发言中说：“广东人爱吃鱼，可是搞计划经济就没鱼了，因为价格管死了。后来逐步放开价格，养鱼人有了积极性，市场上鱼就多了，而且鱼多了以后价格也下降了。所以，搞商品经济没错！”

这样一个如今看来再简单不过的道理，在当时立即遭到起草小组个别成员的反对，他们害怕社会主义与资本主义混同起来，怕变成资本主义。

商品经济的概念在起草小组通不过，高尚全就采取迂回策略。1984 年 8 月底，国家经济体制改革委员会邀请了近 20 人在西苑饭店开了一个研讨会。会上，大家意见很一致：“商品经济和资本主义无必然联系。”

9 月初，体改委将研讨会结果上报中央。9 日，中央决策层给持反对意见的老同志们写了一封信，用传统提法诠释新思想，提出“以公有制为基础的有计划的商品经济”的概念，他们表示同意，遂将此提法写进中共十二届三中全会《中共中央关于经济体制改革的决定》。而这被高尚全认为“是中国改革历史上一个重大的突破口”。

1984 年 11 月的一天，高尚全走上中央党校的讲席，讲的题目是《我国经济体制改革的基本任务》，此后该文收录进其所著《强国之路》一书中。他提出要通过改革，建立起一套新模式，首当其冲的是计划和市场的关系问题。而解决这一关系问题实际上经历了从计划经济到商品经济，再到市场经济两个阶段。

达成发展商品经济的共识经历了艰难的磨合过程。“在此之前，大家不敢讨论，计划与市场的文章能发表，也因为胡耀邦有这个勇气。”高尚全说。

1997 年，高尚全参与起草中共十五大报告，对所有制结构的调整和改革提出了建设性的意见。

在纪念改革开放30周年之际，《人民日报》于2008年12月15日作了如下报道：

作为我国改革开放一系列重大决策的参与者和推动者，回首波澜壮阔的30年，高尚全认为，这30年的一个宝贵历史经验，就是坚持经济体制改革的市场取向。中国的市场化改革历经30年艰辛曲折的努力，在“只有社会主义才能救中国”之后加上“只有改革开放才能发展中国”，其间付出了很高学费。从“计划经济为主，市场调节为辅”到“公有制基础上有计划的商品经济”，从“社会主义有计划的商品经济体制”到最终明确建立社会主义市场经济体制的改革目标，计划与市场的每一步争论、博弈都十分激烈，很多现在看来顺理成章的事，在当时却被视作大逆不道，动辄问你姓“社”姓“资”、姓“公”姓“私”。相当长的时间国内不敢提“资本”，只能提“资金”，好像一提“资本”就等于搞资本主义。

“事实证明，改革的突围是成功的，市场在资源配置中的基础性地位已确立。广东人爱吃鱼，以前计划经济管死了，市面上鱼少，卖得也贵，许多广东市民吃不到鱼。搞了市场经济，价格放开，养鱼人有了积极性，鱼多了，大家都能吃上，而且卖鱼的之间有了竞争，鱼价也下来了。”高老说，中国选择市场经济是对社会主义的自我完善，是走中国特色社会主义之路的必然趋势。

高尚全在2008年第3期《南风窗》发表《三十年，四次解放思想》一文，节选如下：

广东是中国改革开放的先锋，在30年的改革开放史中担负了重要的责任。改革开放的实践最先就是从广东开始的。一个例子就是吃鱼的故事，从事关千家万户吃鱼的事情开始的。当时计划经济下商品都短缺，市场上买不到鱼，怎么改革？怎么走市场经济道路？就从放开价格开始。

价格放开后，鱼价很快上涨。当时市里的负责同志叶选平同志讲了一句话，叫“闻涨弗忧，闻跌弗喜”叫大家不要紧张。开始压力大，舆论都说这个尝试是失败的。半年后郊区的农民都挖鱼塘养鱼，价格马上回落。塘鱼价格改革成功了。

还有一个例子是香蕉的故事。1980 年底，薛暮桥同志从香港考察回来路过广州，习仲勋、杨尚昆要他在中山纪念堂作报告。薛暮桥问地方领导：为什么吃不到香蕉，而用北京的苹果招待客人？回答是，统购价太低，香蕉 0.17 元一斤，农民不愿意种。而薛暮桥发现，当时的深圳乡下 0.5 元一斤。薛暮桥建议，何不让农民按市价到城里来销售，也让他们多赚点钱。这个意见被采纳了，广东的香蕉供应问题从此得到解决，举一反三，整个广东的农副产品供应也空前繁荣起来。

这些改革，广州是走在最前面的。不仅是改革实践，历次重大理论创新也都和广东紧密相关。早在上个世纪 60 年代广东学者卓炯同志就提出了社会主义条件下“商品经济的特点是计划商品经济”的观点，这在当时是巨大的思想解放。后来，1992 年小平同志南方谈话是在广东，2000 年江泽民同志提出“三个代表”重要思想，以及 2003 年胡锦涛总书记提出科学发展观，都是在广东先提出来的。可以说，广东在思想解放和理论创新中发挥了实验田的独特作用。

三、詹武：一年三度南下广东调查鱼价

詹武，1920 年 12 月生，浙江温岭人。1978 年 3 月，詹武从下放的山东调回北京，5 月到中国社会科学院新成立的农业经济研究所任所长。

詹武同志对我国经济体制改革问题有着深入研究，尤其是在农村经济体制改革研究领域颇有建树。1981 年起，他曾担任国务院经济研究中心常务干事、国家经济体制改革委员会专职委员、中国经济体制改革研究会常务理事、顾问等职务；1980—1991 年担任国务院学术委员会经济评议组成员、中国社会科学院学位委员会委员、中国农业经济学会副理事长等。著有《中国的农业》《农产品买卖难剖析有对策》《中国农产品流通》《中国农村小康之路》，合编《当代的中国经济体制改革》等。1992 年，他被评为对社会科学有突出贡献者，并开始享受政府特殊津贴。1999 年 11 月离休。

在国家体制改革委员会担任委员的詹武，负责价格改革工作，一年内三下广东调查，最后他得出结论：广东走出了一条价格改革的新路子。詹武的调查报告得到中央领导的批示肯定，初步为广东价格改革正了名。2008 年 6 月，年近 90 高龄的詹武于在北京接受广州日报记者的专访，谈话内容如下：

广东的价格改革究竟有没有搞乱全国

全国价格改革，应该以调整价格体系为主，还是以改革价格管理体制为主？改革的目标是什么？这个问题困扰着决策层和专家。高度集中的政府定价模式在人们的脑海根深蒂固，而广东的价格改革跳出计划经济的框框，以放为主，在全国震动很大，有人说："广东搞乱了全国。"我们来调查主要就是看看中国的价格改革到底应该走哪条路？

广东的经验证明，应该走后一条路子。价格是国民经济的综合反映，全国商品价格上百万种，各种商品之间的比价和差价是经常变动的，又有着明显的地区差别，以我国幅员之广和经济发展不平衡，如果调整价格体系搞全国"一刀切"，一是理论价格很难计算准确，很难适应各地各商品的复杂情况。即使调整合理了，由于基层和企业无权再调整，过一段时间又不合理了。而且，全国一齐调，免不了中央财政要拿出大笔钱，企业和市民对价格的连锁反应也来不及消化，容易引起较大的社会震动。

价格刚放开，一斤草鱼从 0.8 元涨到 3.8 元

全国进行价格改革后，物价要上涨多少，能否基本稳定住是我们最担心的问题。市场的放开，确实要经历一个波动的过程。1979 年广州水产品市场放开后，草鱼每斤从 0.8 元骤升到 3.8 元，市民意见很大。1980 年只好恢复供应，每人每月定量供应。这样一来，市场又变成有价无鱼，市民说还是放开市场的好。广东省委、省政府勇于创新，经历住了改革初期的"阵痛"，才没有导致改革半途而废。不仅是水产品市场、粮食、油料、蔬菜、干鲜果等市场都呈现一派繁荣的景象，又使广州平抑物价的效果快于全国，市民从中切实受惠。广东的经验告诉我们，只要坚持放开搞活不动摇，又适当掌握开放的范围和幅度，同时，加强管理，一旦生产发展和市场供应充裕起来之后，物价就会回跌，并在新的基础上基本稳定下来。

物价因价改大涨，广东临时增发奖金和补贴

我们在广东调查时发现，把定价、调价权下放到企业，不一定会引起价格上涨。我在广州看到，三类日用工业品零售价格定价权下放到工商企业后，1983 年广州市 2 118 种变动的价格中，降多于升。一、二类日用工

业品计划价格放开浮动后，也是降价的多，涨价的少。

当年，任仲夷同志提出："对外开放、对内搞活，越活越管、越管越活"，深刻指出了要活管结合、活管同步。广东在价格管理放活之后，同时加强计划指导和行政、经济管理，使管放结合，管放同步，这样就走出了一条"管而不死，活而不乱"的新路子。

价格改革是整个经济体制改革的关键，但价格改革不能"孤军深入"，要同企业改革、工资、财政等其他体制改革配套进行。在改革初期，物价上涨幅度大时，老百姓反应强烈，有的说：有议价商品，没有议价工资。广东后来增发了奖金和补贴，但只是临时应急措施，根本的解决办法是进行工资改革，并把价格暗补改为工资明补。

广东价格改革之所以能顺利进行，一个重要条件就是财政上实行了"大包干"，不增加中央财力的负担。我们认为这是必要的。价格改革还要同机构改革、培育市场结合进行。

（节选自《广州日报》2008 年 6 月 7 日）

四、孟宪德：广州搞活水产品市场

孟宪德，1922 年 3 月生，山西长治人。1965 年后，历任中共广东省委常委、省革委会副主任、副省长。1981 年 4 月，调任农垦部副部长。1982 年 4 月起，任农牧渔业部党组成员、水产分党组书记、水产总局局长，中国水产联合总公司董事长。1995 年 6 月离休。

2013 年 1 月 24 日，在北京逝世，享年 91 岁。

1984 年 1 月 5—14 日，农牧渔业部在广州召开全国城市水产品产销工作会议。孟宪德在会议开幕时讲话，肯定广州等城市，放宽政策，搞活经济，充分发挥市场调节的作用，在搞活水产品市场方面取得了很好的经验。讲话内容节选如下：

广州等城市，放宽政策，搞活经济，充分发挥市场调节的作用，在搞活水产品市场方面取得了很好的经验：

一是大力建设商品鱼基地，积极发展城郊养鱼，生产搞得好。广州市淡水养殖过去 20 年徘徊不前，近几年，由于农村政策的落实和水产品市场的开放，淡水养殖迅速发展，1983 年淡水养殖总产量可达 1.75 万吨，比 1978 年的 9 000 吨增长了 93.2%，年均递增 14%，为市场提供了更多更好的鲜活水产品。

二是放宽政策，充分运用价值法则，吸引鱼货进城。在搞好平价定量供应的前提下，对国家计划收购以外的水产品实行随行就市，按质论价，把价格搞活，千方百计地吸引鱼货进城。广州每天上市的水产品，不仅有广州周围地区盛产的塘鱼、河鲜杂鱼和海产鱼，而且吸引了全国 20 多个省、区的来货，湖北的泥鳅、黄鳝，湖南的甲鱼、乌鱼，广西的鲑鱼，东南沿海的黄鱼、带鱼，长江流域的毛蟹，山东的鱿鱼，辽宁的贻贝，等等，也都远销于穗，四面八方的鱼货，源源不断地被吸引到广州市场。

三是运用多种经济形式，实行多渠道、少环节的经营方式。改变独家经营、单一渠道的经营体制，在坚持国营水产商业起主导作用的前提下，开放农货市场，允许渔（农）民进城卖鱼，允许有证商贩长途贩运，形成了以国营货栈为主体的多种经济形式、多渠道、少环节、开放的水产品市场。这是吸引鱼货进城的重要方法。广州市 1983 年国营水产货栈代销和经销的水产品达 3.5 万吨，占市区计划外水产品总上市量 4.5 万吨的 77.8%，市区国营、集体水产品零售和个体户销售的水产品大部分是从国营水产货栈进货的。国营水产供销企业发挥了领导市场、平抑物价的作用。

五、曾牧野：价格改革从广州起航

曾牧野，1928 年生，广东揭西人。20 世纪 80 年代以后历任广东省社会科学院经济研究室副主任、工业经济研究室主任、经济研究所所长、省社科院党组成员、党组书记兼副院长。省政协委员。兼任广东省社会科学联合会副主席，广东经济学学会秘书长、副会长、会长等职。

他下企业调查、考察，撰写《广州黄埔港试行计件工资的调查报告》，刊发于 1978 年 5 月中共中央理论刊物《红旗》杂志。1978 年在孙孺、卓炯的指导下，与人合作撰写一套关于按劳分配政策系列讲稿，在中央人民广播电台播讲。中共十一届三中全会以后，曾牧野主要从事社会主义商品经济（市场经济）与体制改革研究，先后发表 200 多万字论文与调研报告，结集出版个人论文集《沿海新潮与广东改革》《新路——经济随笔与短论集》《市场经济与体制改革》；与人合著《广东改革的经济学思考》《广东二十年经济发展的理论思考》；主编《广东经济体制改革研究》《迈向九十年代的经济特区》等书。多篇论文获国家级与省级优秀成果奖。1992年经国务院批准为有突出贡献享受政府特殊津贴专家。

曾牧野于2008年3月25日接受中共广州市委党史研究室王启军采访，谈了他所经历的社会主义市场经济理论和实践的初步探索，专门讲到广东的价格改革是在广州进行突破的。以下节选相关内容如下：

广东的价格改革与经济特区的建设与发展几乎是同步的。价格的改革是放开市场、搞活流通的关键，价格改革带动了其他相关的改革与进步。

广东的价格改革是在广州进行突破的。早在1979年，广州的价格改革就从放开塘鱼的价格开始了。放开塘鱼价格引发了很大的争议，因为过去我们是凭票供应的。传统的计划产品经济和计划价格机制，是排斥商品、货币和市场的，否认价值规律的作用，把价格的功能只是限定在核算工具上。这种旧的僵化的价格管理体制，是我们发展商品经济的障碍。这方面，我们广东有着深刻的体会，粮食、副食品等长期短缺，完全是凭票供应来维持城镇居民的最低生活水平。珠江三角洲是“鱼米之乡”，吃不到鱼，“岭南佳果”几乎绝迹，这就是过去我们违背客观规律受到的惩罚。因此必须破除这种违反价值规律的做法。

原来几毛钱的塘鱼放开以后迅速地涨价，从1元钱、1.5元、2元到2.5元再到3元，当时有人批评，甚至骂街，改革对于领导同志是有压力的，因为涨价的幅度比较高。但是不久之后，我们就看到了放开价格的作用。放开价格后，很多渔民看到养鱼有利可图，就开始增加养殖规模，再加上塘鱼的养殖周期比较短，这样市场上的供应就开始增加了，价格开始回落，慢慢地就平稳了。通过塘鱼价格放开的成功探索，使我们趟出了一条价格改革的路子。后来陆续放开了蔬菜、水果、部分加工食品和日用工业品等，基本上都是经历了“放—活—贵—多—降—稳”的良性循环。这种可喜的局面，是广东开创性的成功。1983年，中央看到我们这种方式的科学性后，就认可了这种价格改革的方式。1985、1986年，叶选平当广州市市长的时候，探索了“菜走鱼路”“肉走鱼路”，逐步的摸索出了价格改革的规律。叶选平当上省长后，准备在1988年放开大米的价格。但因为米的重要性，中央要求暂缓，直到20世纪90年初才放开。可见，改革是一种渐进的过程。太急，城乡群众是接受不了的。1984年春，我参加了广州市水产局组织的“广州放开塘鱼价格问题”的实地调研，并在人民日报发表文章，向全国介绍广州市的成功经验。

（节选自中共广州市委党史研究室编《亲历改革开放1》，广州出版社2008年版）

六、马恩成：物价改革广东农产品先行

马恩成，20世纪60年代曾任广东省委第一书记陶铸的秘书，80年代先后任广东省农业委员会副主任、省委农村工作部副部长、广东省农村发展研究中心主任，广东省经济学会顾问，高级农业经济师。

2008年6月17日，马恩成接受中共广州市委党史研究室王启军采访，谈了他所经历的广东农村改革30年的历程，概括为“包——包产到户开启了农村改革的道路；放——放开统派购，推进市场供给的繁荣；调——调整结构，谋取发展；雇工经营的争论；农业发展的拐点与出路”五个方面，以下节选关于广东统派购农产品价格改革的相关内容如下：

对统派购农产品制度，广东省率先进行了改革。广东省政府1980年就“迈出勇敢的一步”，把改革前的统派购和计划收购的117种，减为47种，到1981年又减为28种，1985年全国开始改革统派购体制时，广东省只剩下5种，到1988年缩减为三种（粮食、油、蔗糖），1988年放开了油，1991年放开了甘蔗，1992年放开了粮食。这个对农村的影响是很大的，试想，如果没有这些放开，还是原来的统派购的话，农民辛辛苦苦却无利可图，就不会增加规模和提高农产品质量。

每一次的放开，都面对着巨大的压力和阻力。印象比较深的有几个事情：

广州放开塘鱼价格是比较早的，1979年由全派购改为半开放，每年只固定派购30万担，派购价格提高30%，超产部分不论多少，自由处理，市场价格。尽管是这样，还是有很大的担心的。因为一旦放开就面对着价格上升的压力。1979年开始改革的时候，完成派购后，自由上市量只有19万担，零售价每公斤6.44元。这个价格是当时计划内的好几倍，一时间纷纷扬扬，改革者有很大的压力，反对者找到了“把柄”。但因为

塘鱼生产周期很短，所以很快到1980年上市量就增至49万担，价格降至2.07元每公斤，到1985年，价格降至1.80元每公斤。

海洋产品也是经过了很多的较量才放开。统管海产品的是水产公司，当时放开海产品已是大势所趋，各方面都已同意，但省水产公司一位经理仍坚决反对放开。后经省水产厅长督促，才勉强同意。

放开就意味着价格上升（相对于过去人为压低的价格而言），也就意味着农民收入的提高，所以广东率先放开时，周边省份的农民也积极地把自己的农产品运到广东来。这就引起了一些省份的意见，他们认为广东吸引了他们的物资，扰乱了他们的秩序。所以当时广东也遇到一些这方面压力。

（节选自中共广州市委党史研究室编《亲历改革开放2》，广州出版社2008年版）

七、王利文：必须实行“价格闯关”

王利文，1945年7月生，广东省揭东县人。大学毕业后被挑选作为“大学生当农民试点”，在生产队当农民一年半，再分配到从化县报社、从化县委宣传部工作。1974年到广州市委办公厅一秘处，任市委书记林若的秘书；1979年到市农委工作；1983年升任广州市委研究室处长；1984年任副主任，参与创办并兼任广州经济社会发展研究中心主任；1994年调任广东省人民政府社会经济研究中心副主任，翌年当选省社会科学联合会副主席。

1984年初，王利文向广州市委领导提出“全面开放蔬菜价格”的建议，策划召开“搞活流通领域理论研讨会”。参与“放调结合”直到“敞开城门”“全面开放”的物价改革决策，推动广东的农产品及各项改革沿着市场取向的道路前进。编著有《广州农副产品流通问题》《关于改革农副产品购销体制，实行全面开放的若干问题》等作品。

2008年11月25日，王利文与魏伟新在《广州日报》发表《改革开放30年十大广州经验》文章：广州在改革开放30年中，敢为人先，勇于开拓创新，善于“拿来”吸收，创造了很多经验，我们在诸多经验中，总结出十大“广州经验”。现将第二条经验“杀出一条血路”节选如下：

第二条　“杀出一条血路”，选准流通和价格作为城市改革的突破口，是广州超越发展、市场繁荣的重要前提。

广州是全国物价改革、搞活流通最早的大城市。开放前长期实行农副产品统（派）购包销体制。广州认识到，必须实行“价格闯关”：1979 年全部放开塘鱼价格，拉开了广东物价改革的序幕，使中国进入了由计划经济向市场经济过渡的历史新阶段；1981 年取消肉鸡和鲜蛋的派购任务，放开价格；1983 年取消了水果的派购任务；在 1984 年全面改革蔬菜产销体制，采取“三放”政策——放上市任务、放流通渠道、放购销价格；1985 年在全国率先放开了猪肉、水产品等 8 种主要副食品和缝纫机、自行车等商品的价格；1988 年调整并放开了粮油价格。一系列大胆的改革实践成效巨大，令全国瞩目，拉开了流通体制改革开放的序幕。

近年来，商贸业面临更多的机遇与挑战，竞争更趋激烈。广州对商贸工作又展开了新一轮的改革，突出发展连锁经营、中高级批发市场、现代购物中心、特色商业街、物流业和会展业等六种现代流通方式，从而使广州商贸流通业改革取得了新的突破。汽车及配件、钢材、塑料原料、水产品、皮具、鞋材、家具、服装、美容美妆、音像、蔬果、酒类等专业市场经营规模在全国名列前茅，初步形成了影响全国的“广州价格”。

（节选自《广州日报》2008 年 11 月 25 日）

第十一章

回响：改革开放大事件

水产品价格的放开，是农产品流通改革中的最先探索，在改革进程中具有先导性、开创性作用，是改革的先手棋、开放的试金石，在历史中具有重要地位，媒体对鱼价放开给予了很高评价。

1988 年，在纪念改革开放十周年之际，海内外人士投票 45 多万张，12 月 8 日评选出广东改革开放十件大事，“放活市场，城乡繁荣”荣列其中。广州市也历时近 4 个月，评选“广州改革开放十大成就”，于 12 月 22 日揭晓。评出的十大成就，第二个就是“率先开放肉菜市场，主要副食品坚持放开供应”。

2004 年 8 月 22 日是邓小平诞辰 100 周年纪念日，广东省委联合中央文献研究室，摄制了四集。大型理论电视片《永远的春天——邓小平与广东改革开放》。其中第二集《先行一步》，就讲广州市率先放开塘鱼价格，进行流通体制的市场化改革。

2008 年是中国改革开放 30 周年，中央电视台播出改革开放 30 年系列专题片《一号行动》，反映 10 个中央 1 号文件的侧重点，其中第四集说的就是广州市放开塘鱼价格。由中共中央党史研究室、中共广东省委宣传部共同监制，广东电视台承拍的大型电视专题片《新路——广东改革开放三十年》，其中第二集《改革闯关》专题讲述当年广州的鱼价改革。

也在 2008 年，广东经济体制改革研究会等单位组织评选“广东改革开放 30 件大事”，按得票排名在第六的是“1978 年，广东率先进行价格‘闯关’：1978 年，广州市芳村区最先放开河鲜、蔬菜、塘鱼价格。1981 年至 1983 年，全市蔬菜、塘鱼、水果等价格陆续放开，价格改革几经曲折，取得明显成效，在全国反响很大，为建立社会主义市场经济体制奠定了重要基础。1990 年，全省市场调节比重达到 86.5%。”同时，《南方日报》2008 年 9 月 16 日以“激流岁月”和“闯者善行”两个专版报道当年鱼价改革：“价格改革塘鱼率先撬动‘钢板’”。

2010年9月6日《南方日报》以“1980—2010特区改变中国”为题，用32个专版报道30年30人、30年30事、30年30企、30年30词，以“价格闯关”为第四件事，回顾当年鱼价改革。

2011年7月1日，在中国共产党成立90周年之际，《南方日报》推出《大道》特刊，在特12～16共5版的《使命》篇中，分《从建党的重要基点到大革命策源地》《从抗日敌后战场到“第二条战线”》《从最后解放的大城市到对外贸易之门》《从杀出一条血路到领跑市场经济》《从“世界工厂”到“幸福排头兵”》5个专题，回顾广东建党90周年的足迹。其中《从杀出一条血路到领跑市场经济》讲述，从20世纪80年代受命探路改革开放，到90年代领潮市场经济，在这翻天覆地的20多年中，广东率先进行物价改革、创办经济特区、发展民营经济、建立珠三角经济区……开篇就回顾了当年的“鱼价改革”。

可见，每有重大纪念活动，主流媒体都将当年的鱼价改革作为重要事件来宣传。此处收集整理了重要媒体对鱼价改革的评价，作为鱼价改革闯关过程的注解。

一、一号行动

2008年是中国改革开放30周年，也是中国农村改革30周年。30年沧海桑田，30年弹指一挥间，亿万农民心底有一个温暖的记忆。那就是，1982—1986年、2004—2008年，党和国家相继发布的10个中央1号文件。中央电视台以10个中央1号文件为主线，梳理中国农村改革30年的激情岁月，制作纪念改革开放30年系列专题片《一号行动》。该片于2008年12月9—18日，在七套节目播出。反映在不同的年代背景下，10个中央1号文件的侧重点有什么不同，在繁荣农村经济、促进农民增收、推动农村社会发展等方面究竟发挥过怎样的作用？系列节目《一号行动》第一集讲述的是安徽省凤阳县小岗村“分田单干，包产到户”；第二集讲述的是广东农民陈志雄承包鱼塘，“跨队承包，雇工经营”；第三集讲述的是安徽省农民年广九进城卖“傻子瓜子”，“发展个体生产，搞活商品流通”；第四集讲述的是广州率先进行价格“闯关”“放开河鲜价格，开放水产市场”。

以下是纪念改革开放30年系列专题片《一号行动》第四集（2008年12月12日首播）的解说词（节选）：

从1953年开始，国家逐步对粮食、棉花、油料等农副产品实行计划收购和计划供应，简称统购统销，随后粮票、油票、布票等各类票证陆续发行，当时没有粮票买不到粮食，没有肉票吃不上肉，没有布票就穿不上衣服。人们的生活必需品，基本上都要凭票购买。缺少这些票证，可以说是寸步难行。直到1985年以后，票证才逐渐退出了历史舞台。作为特定时代的产物，票证真实地记录了几十年来新中国探索发展的沧桑历程。

票证也由1957年的五六种急剧增加到1961年的156种。广东省票证最多时接近两百种。……1978年前，广州市每个市民每年限量供应猪肉约21公斤，蛋品1.4公斤，鱼类2公斤多，油两三公斤。就是这样少得可怜的限量供应都不一定能保证。

……

五十年代以后出现的农副产品的极度短缺，除了一些自然原因外，更多的是政策上出现了偏差，对生产和流通领域的双重束缚，使农民丧失了对土地生产和经营的自主权，农民生产积极性下降，加剧了农产品的短缺。而国营和供销合作社垄断农村商业，则使农村自由市场一蹶不振，失去了调节的功能。城市居民的生活也不可避免地受到了严重影响。新中国成立几十年了，却一直走不出物资匮乏的困局，坚冰该如何打破呢？

……

四个现代化离不开农业现代化，要改变当时中国农副产品严重短缺的现状，恢复农业生产是当务之急。1979年，中共中央在《关于加快农业发展若干问题的决定》中明确肯定："社员自留地、自留畜、家庭副业和农村集市贸易是社会主义经济的附属的补充，不能当作所谓资本主义尾巴去批判。"这一肯定如久旱的大地喜逢甘霖，这一政策给广大农村注入了无穷活力。也是在这一年，中央批准了广东省委提出的。在深圳等地设立经济特区的请求。邓小平鼓励广东省杀开一条血路来。就在广东上下积极探索经济发展的破局之路时，有关农产品流通体制的改革也在悄无声息地进行着。

改革是摸着石头过河，就是要闯出一条前人没有走过的道路。广东人爱吃鱼，而且广东的气候一年四季都适宜塘鱼生长，鱼塘也很多，但是由于统购价低，养鱼户没有积极性，鱼的产量很小，市民也没有鱼吃。经过认真准备，1979年广州市尝试从塘鱼入手，放开价格，自由买卖，随行就市。

改革从来都不是一帆风顺的。塘鱼市场放开后，人们踊跃购买，市面上塘鱼供不应求，导致塘鱼价格大幅上升，凭票购买时草鱼一斤才 8 角钱，放开后一下子涨到 3 元多，涨了近 4 倍，引起了部分市民的不满。在这种情况下，广州市政府只好对部分塘鱼恢复了凭票供应制。

放开塘鱼市场遇到的波折，让广州市委市政府认识到，要放开市场必须有充足的物资供应。进入 80 年代中央进一步放开了对农副产品生产和流通的限制，农产品贩运不再被当成投机倒把加以打击。广州市鱼价的上涨，让一些富有经济头脑的周边养鱼户捕捉到了商机，他们开始大面积承包鱼塘养鱼，并把鱼贩运到广州销售，市场上鱼多了，价格自然就降了下来。

1983 年底塘鱼市场再次全部放开。市场上塘鱼品种丰富，价格合理，市民再也没有了怨言。1984 年广州市又尝试放开蔬菜统购包销体制。蔬菜一放开，因为供大于求，价格就飞涨。当时有人说风凉话："形势大好，白菜三毛。"有人甚至写信告到了中央。

有了上次放开塘鱼市场的经验，广州市委顶住了压力，对菜农实行三放开：放开上市任务，放开流通渠道，放开购销价格。同时对市民给予一定的补贴。三放开政策调动了菜农的积极性，蔬菜不仅产量增加了，质量也有了很大提高。

1984 年，广东省人民政府规定粮食、牲畜等绝大部分农副产品完成统派购任务后允许多渠道经营。对生产和流通领域的松绑使广东省农村经济获得了发展的先机。1987 年，英国女王访华。女王的丈夫菲利浦亲王来到黄埔区华拓村访问，华拓村村民纯收入当时已达到了 3 000 多元。

靠养猪养鱼，简汝开成了村里最早买彩电的人。如今的简汝开已是家产上千万的物流公司的负责人。华拓村成了远近闻名的富裕村。而梁焕林现在也成了肇庆市鼎湖区沙浦镇的养鱼大户，他承包了七百多亩水面，专门养殖名牌鲤鱼文岌鲤。他不仅给自己的鲤鱼注册了商标，而且采用传统的水稻养鱼的办法生态养鱼，一年收入就有好几十万。

广东省在农产品流通体制的改革尝试，为 1985 年中央 1 号文件的制定出台提供了一个典型的案例。

有专家曾说，中国的农村改革，可以概括为包、放、调，包就是包产到户，农民取得生产经营的自主权；放就是放开流通，农副产品可以自由销售；调就是调整产业结构，种什么农民说了算。1985 年中央 1 号文件取消统购派购制度，放开农产品流通渠道，为我国市场经济体系的建立奠定了基础，邓小平同志称赞第4个中央1号文件“迈出了相当勇敢的一大步”。从此以后，我国逐步进入了大市场大流通大发展的格局。

2008年10月29日，广州市批发市场行业协会宣布成立，40多岁的广州江南果蔬批发市场董事长叶灿江被推举为协会会长。协会成立的目的之一就是要为会员搭建交流合作的平台，以适应大流通、大市场、大区域的经济发展需要。也许没有人会想到，二十年前，正是由于缺少交流合作的平台，才迫使叶灿江走上了创办农产品批发市场的道路。1985年农产品流通体制放开后，叶灿江成为第一批从事蔬菜贩运批发的个体户。

20世纪80年代末，广州市的农产品流通渠道还是国有部门一统天下的时代，当时广州市有8个国有批发部，占地一般在一千平方米左右，由于面积有限，像叶灿江那样的小商贩就是找熟人求领导也很难进入。

有了这个想法后，叶灿江去咨询了有关部门，当时的政策已允许个体搞批发，于是他就在国有批发市场旁边开办了一家个体的蔬菜批发市场。

当年70平方米的小批发部现在已发展成为占地40万平方米大型批发市场，主要从事水果、蔬菜的经营批发，是整个东南地区最大的果菜集散地，来自全国各地和国外的近千种果菜品种在这里交易，果菜交易量、交易额一直位于全国前列。

一放百业兴。1985年第4个中央1号文件之后，各地的农贸市场和专业批发市场如雨后春笋般不断涌现，市场体系不断完善，农副产品自由流通的速度加快，形成了南北交融、互通有无的局面，随之而来的变化就是人们物资生活的极大丰富。

目前广州市农副产品专业批发市场有400多个，年交易额过10亿元的就有30个。

正如专家所说，1985年放开农副产品流通体制是80年代中国农村改革最重要的内容之一，是1985年的中央1号文件再次开启了我国农产品市场体系建设的大门，也为我国社会主义市场经济体系的建立和完善奠定了坚实的基础。如今无论是城市还是农村，市场经济已经深入人心，人们在充分享受着社会主义精神文明和物质文明的丰硕成果。不久前召开的党的十七届三中全会，又一次让农村发展、农民致富成为了全民关注的焦点，抚今思昔，更让我们不能忘记1985年中央1号文件的历史功绩和现实意义。

二、改革闯关

为纪念改革开放30周年，由中共中央党史研究室、中共广东省委宣传部共同监制，广东电视台承拍的大型电视专题片《新路——广东改革开放三十年》，分《特区血路》《改革闯关》《加快发展》《大道朝阳》四集，以广东改革开放30年的历史轨迹为主线，系统回顾、深入总结了广东30年改革开放的实践历程、伟大成就和宝贵经验，集中展示了广东人民30年风雨兼程、“敢为人先”“杀出一条血路”的改革气魄。

该片从2008年12月11日起在广东电视台卫视、广东新闻频道播出，连续4天，每天一集；12月16日起，广东电视台卫视、新闻、公共、珠江频道，南方电视台卫视频道重播。

以下是《新路——广东改革开放三十年》专题片第二集《改革闯关》（2008年12月12日首播）的解说词（节选）：

1978年，美国《时代周刊》以“新中国的梦想家”为标题，推出“年度人物”——邓小平。

全世界都从这幅画像中得到一个信号：改革开放在中国已经取得了主导权。

因为就在这一年，刚刚复出的邓小平向世界发出了振聋发聩的声音：“如果现在不实行改革，我们的现代化事业和社会主义事业，就会被葬送！”

1978年，广东全省生产总值只有185亿元，在全国排在第14位。

只有改革，才能解放生产力，焕发社会主义的生机和活力。

然而，从计划经济到社会主义市场经济，这是一场前无古人的大变革，没有现成的道路可循，必须先搞试验，“摸着石头过河”。

中央赋予广东“特殊政策、灵活措施”，实际上也就是把“摸着石头过河”的艰巨使命交给了广东。

……

广东是全国最早探索农村生产承包责任制的省份之一。

……

人们也许早已忘记了陈志雄这个名字，他原本是广东高要县的一个农民。

1979 年承包 8 亩鱼塘，1981 年扩大到 357 亩。除了常年雇用 5 名固定工，还请了 2 300 天的短工，年收入近 4 万元。

怎样看待陈志雄承包鱼塘问题？一时议论纷纷。《人民日报》和国内其他报刊就此展开了四个月的大讨论。

杜瑞芝（中共广东省委原常委、农委主任）："中央的 75 号文件是叫三种地区（富裕地区、一般地区、困难地区）区别对待，但有一条原则，凡是搞了包产到户的，可以试验，不要去纠正。"

实践证明，农村家庭联产承包责任制不仅调动了广大农民的生产积极性，促进了农村经济的发展，更为城市经济体制改革提供了有益的借鉴。

市场经济的本质在于遵循价值规律。从计划经济体制向社会主义市场经济体制的转变，价格改革是首先碰到的一道难关。

广东人历来喜欢吃鱼。年年有鱼（余），更是寄托着老百姓对美好生活朴实无华的向往。

但在计划经济年代，广东虽然河网纵横，鱼塘星罗棋布，却守着"鱼米之乡"没鱼吃。当时广州市民靠领鱼票过日子，每人每月 5 毛钱，定量不到半斤，还不能保证供应。

于是，广东选择了放开鱼价作为物价改革的突破口。在省委的支持下，从 1979 年开始，广州市率先放开塘鱼价格，进行流通体制的市场化改革。

价格一放开，鱼价一下涨了四五倍，老百姓议论纷纷。面对物价波动引起的改革阵痛，决策者们处变不惊，迎难而上，坚信价值规律最终会起作用。

欧初（中共广州市委原书记）："广东人吃鱼经过这样一个变化，从吃死鱼到吃活鱼；从人要求鱼，求计划经济增加一点鱼，到鱼求人，鱼多了它来求人，做到购销两旺、年年有鱼（余）。"

初战告捷。广东乘胜出击。从 1980 年到 1985 年，广东以放开塘鱼、蔬菜价格为突破口，按照先农副产品后工业产品、先消费品后生产资料的顺序，遵循"调放结合，以放为主，放中有管，分步推进"的方针，在全国率先全面推进价格体制改革。

到 90 年代中期，广东 90%以上的生产资料、98%以上的生活资料已经放开，社会零售商品由市场定价的比重超过 96%，基本完成了价格闯关。

神奇的价格杠杆撬开了财富之门。原来空荡荡的商店货架一夜间变得琳琅满目，老百姓轻飘飘的米袋子、菜篮子一下子变得沉甸甸的了。“珠江水”“广东粮”风靡大江南北，广州成了国人向往的“购物天堂”。

……

从物价闯关、建立完善消费品市场，到大力发展土地、技术、劳动力、资本等各类要素市场；从放手大力发展外资企业、乡镇企业、个体私营企业，到深化国有企业改革，建立现代企业制度；从企业内部经营管理体制改革，到深化企业产权制度改革；从经济体制改革的单项推进，到行政管理体制、社会保障体制、文化体制等综合配套改革的整体推进；从对内搞活，到实行外贸“大包干”，大力发展外向型经济，广东人求真务实、敢闯敢冒、敢为人先的秉性，在探索发展社会主义市场经济的大舞台上，得到了淋漓尽致的发挥。

……

从最初“摸着石头过河”，到全面探索推进各个领域的改革，广东解放思想，大胆试验，敢闯敢冒，率先打开了一片发展社会主义市场经济的新天地。

改革解放了生产力，给人民群众带来了巨大的实惠，给南粤大地带来了勃勃生机。

广东30年改革开放的实践成就，雄辩地证明了一个真理：改革开放是决定当代中国命运的关键抉择，是发展中国特色社会主义的强大动力，是实现中华民族伟大复兴的必由之路；只有社会主义才能救中国，只有改革开放才能发展中国、发展社会主义、发展马克思主义。

新时期最鲜明的特点是改革开放。

改革之路，在9 400多万南粤儿女心中、在13亿中国人民心中，已经成为一条通往富裕、民主、文明、和谐的金光大道。

改革之路，承载着发展中国特色社会主义的历史使命，承载着实现中华民族伟大复兴的光荣梦想，必将伸向更为广阔的未来！

三、先行一步

2004年8月，在纪念邓小平100周年诞辰之际，广东卫视从18日起，连续4天每晚8时播出《永远的春天——邓小平与广东改革开放》理论文献电视专题片；广东珠江台、南方电视台及各市电视台也随后播出。

专题片由中共广东省委和中央文献研究室联合监制，省委组织部、省委宣传部、省委党史研究室等单位联合制作，分《春暖潮涌》《先行一步》《东方风来》《春天永驻》四集，通过翔实的史料、权威的采访、精美的画面和情理交融的解说，融史与论、情与理、画（面）与音（乐）于一体，生动而深刻地再现了广东作为全国改革开放试验区，在中国社会主义改革开放和现代化建设的总设计师邓小平的关怀和邓小平理论的指导下，率先开放、先行改革、解放思想、与时俱进的光辉历程。这是一部准确再现邓小平理论的划时代的电视精品力作，是一部珍贵的历史教科书，如诗如歌如画的改革开放史，是一部情理交融的理论佳片，饱含着广东人民的怀念浓情。

以下是《新路——广东改革开放三十年》专题片第二集《改革闯关》（2004年8月19日首播）的解说词（节选）：

这里是闻名遐迩的广州十三行路。1684年，即康熙二十三年，清政府开放海禁，特许一些官商在这里同“洋商”进行贸易，这一带很快发展成古老帝国最为繁华富足的商埠。当年十三行的繁华景象，清初岭南派诗人屈大均有诗为证：洋船争出是官商，十字门开向两洋；五丝八丝广缎好，银钱堆满十三行。

十三行培育了广东人的商品经济意识和重商传统。然而，好景不长，“康乾盛世”终究是封建时代的落日辉煌。随着国门紧闭、国运衰微，十三行也日渐败落。

时光荏苒，300年后，历史再次眷顾珠江口上的这一方热土。肩负着邓小平、党中央赋予的时代重托，广东率先冲破旧体制，在探索建立社会主义市场经济体制的改革中先行一步，再创辉煌。

1949年，新中国成立，……主要依靠计划经济体制实现了建国初期国民经济的迅速恢复和发展。

但是，随着时代的发展，传统计划经济体制的弊端日渐凸现，越来越严重地压抑着人们的创造性，束缚了社会生产力的发展。于是，“排队购物”成了那个年代中国最为常见的街头景观。

1978年12月，十年动乱结束不久，面对经济凋敝、国力衰竭，刚刚复出的邓小平发出振聋发聩的声音：“如果现在不实行改革，我们的现代化事业和社会主义事业就会被葬送！”

中国要搞改革。那么，改革的目标模式是什么？我们最终要建立一种什么样的经济体制？邓小平在思索，全党、全国上下都在思索。

……

在邓小平的大力倡导推动下，1979 年 7 月，中共中央、国务院下发 50 号文，决定创办经济特区，在广东全省试行“特殊政策、灵活措施”，扩大财政、计划、外贸、金融、物资、劳动工资和物价等方面的自主权。

广东，成为中国社会主义市场经济体制改革的一块试验田。

……

广东，是中国南大门，毗邻港澳、华侨众多，商品意识历来比较浓厚。

从计划经济体制向社会主义市场经济体制的转变，价格改革是首先碰到的难关。正如邓小平所说：“价格改革是个很大的难关，但这个关非过不可。不过这个关，就得不到持续发展的基础。”“就谈不上经济改革的真正成功。”

循邓小平的嘱托，广东省委下决心打破严重背离价值规律的价格体系，率先闯开计划定价这个难关。

任仲夷：“开始时，物价管得很严。我记得一盒洋火（火柴）提价二分钱，能不能提，都得在省委常委会上决定。千百万的物资，每样省委都管，不可能管好。”

民以食为天。广东人更以爱吃、善吃而闻名。可是，在计划经济年代，由于实行农副产品的统购统销，扼杀了农民的生产积极性，“鱼米之乡”的珠江三角洲竟然缺鱼少米。

梁灵光：“1981 年上半年，老百姓上街，还用 46 种票证，香烟也要票，肥皂也要票，甚至火柴也要票，市民很不满意。”

广东人历来喜欢吃鱼。年年有鱼（余），更是寄托着老百姓对美好生活朴实无华的向往追求。于是，决策者选择了放开鱼价作为物价改革的突破口。

在省委的支持下，从 1979 年开始，广州市率先放开塘鱼价格，进行流通体制的市场化改革。

梁灵光：“放开塘鱼（价格）做试点，就是取消塘鱼的统购派购。塘鱼一放开，结果鱼价涨了几倍，涨了几块钱，群众议论纷纷，还有的直接告到国务院。真正要解决问题，还要忍住，放开的话会有阵痛，会导致困难。我们就顶住，我们就不改（回去），也不心软。”

面对改革的阵痛，面对物价的波动，决策者们处变不惊，迎难而上，坚信价值规律最终会起作用。

欧初（广州市原市委书记）：“广东人吃鱼经过这样一个变化，从吃死鱼，到吃活鱼，从人要求鱼，求计划经济增加一点鱼，到鱼求人，鱼多了，它来求人。做到购销两旺，年年有鱼。”

初战告捷。广东乘胜追击，遵循“放调结合，以放为主，放中有管，分步推进”的方针，按照先农副产品后工业产品，先消费品后生产资料的顺序，在全国率先进行物价闯关。农副产品放开了，粮食放开了，工业消费品和生产资料也由小到大、由易到难，逐步放开。

犹如打开了财富之门，原来空荡荡的商店货架，忽然之间变得琳琅满目，原先轻飘飘的米袋子、菜篮子，一下子都变得沉甸甸了。

实践证明，价值规律最灵，市场经济这只“看不见的手”最硬，最能激发人们的生产积极性和社会的创造力。

流通搞活了，生产发展起来了。

在那个改革开放刚起步的年代，新旧观念激烈碰撞，新旧体制相互交替，各种错综复杂的矛盾和问题时有出现，给广东的决策者们带来了种种困扰和压力。

邓小平这几次春天之行，给了广东的改革开拓者，给了广东人民最直接、最有力的关心、信任和支持。

邓小平关心支持广东的改革开放事业。广东先行一步的生动实践和丰富经验，也进一步坚定了邓小平推进中国改革开放事业的信心和决心。

总设计师的亲切关怀、悉心指导和强有力支持，激励着南粤儿女不畏艰险，不断探索前进。

城市到乡村，从深圳、珠海、汕头经济特区，到号称“四小虎”的东莞、中山、南海、顺德，从珠江三角洲到粤东、粤西两翼和粤北山区，广东17.9万平方公里的土地上，龙腾虎跃，你追我赶，八仙过海，各显神通。

从物价闯关、建立完善消费品市场，到大力发展土地、技术、劳动力、资本等各类要素市场；从放手大力发展外资企业、乡镇企业、个体私营企业，到深化国有企业改革，建立现代企业制度；从企业内部经营管理体制改革，到深化企业产权制度改革；从经济体制改革的单项推进，到行政管理体制、社会保障体制等综合配套改革的整体推进，广东人求真务实、敢闯敢冒、敢为人先的秉性，在探索发展社会主义市场经济的历程中，得到了淋漓尽致的发挥。

改革催生强大的动力和活力。从1978年到2003年，广东创造了连续25年经济快速增长的奇迹，国内生产总值增长72倍，地方财政收入增长33倍，城乡居民储蓄存款增长888倍。目前，广东的经济总量占全国九分之一，已成为中国最具经济实力的一个省份。

在邓小平理论的指引下，朝着建立社会主义市场经济体制的改革目标，广东这个昔日贫穷落后的边陲省份，正在率先走向富裕文明。

路，越走越远，越走越宽……

四、价格改革广东先行先试

2010年9月6日《南方日报》A20版，以“特区改变中国30年30事”为题，报道“价格闯关　深圳率先终结粮票肉票”。内容节选如下：

价格改革广东先行先试

价格改革如何改，当时的理论界并无现成答案，只能“摸着石头过河”。

全国的价格改革目标最初提出“价格体系改革”，把调价当作改革。广东在执行中发现，由于计划经济“统购统销”，调来调去的主观价格市场始终“不买账”。务实的广东率先放开塘鱼价格，撬动价格“钢板”。从1979年开始，广州率先放开塘鱼价格，进行流通体制的市场化改革，结果鱼价涨了几倍，一斤要几块钱。群众议论纷纷，甚至还直接告到了国务院。但决策者顶住了压力，继续坚持价格规律。

在深圳，自1980年特区成立以来，随着建设规模不断扩大，全国各地的建设者大量涌入特区。1982年至1983年，特区人口从原来的2万多一下剧增至30多万，但食品供应指标依然只管2万人，蔬菜、肉食供应空前紧张。在实践摸索中，深圳逐步放开肉菜价格，市场经济规律在起作用，有了竞争，起初飞涨的价格自然就降了，而且菜票肉票也逐渐销声匿迹。

在邓小平的支持下，从1980年到1985年，广东以放开塘鱼、蔬菜价格为突破口，按照先农副产品后工业产品、先消费品后生产资料的顺序，遵循“调放结合，以放为主，放中有管，分步推进”的方针，在全国率先全面推进价格体制改革。

经过改革，原来空荡荡的商店货架，忽然之间变得琳琅满目，许多原先要凭票证购买的东西开始不用票证也能自由购买了。

物价闯关曾引发抢购潮

广东物价改革的经验为实行全国性的价格改革提供了经验。

然而改革并非一帆风顺。复旦大学经济系教授李慧认为，中国的价格改革是从以“调”为主的改革开始的，这种仅仅是调整价格而非改变价格机制的改革并不能实现价格的结构导向功能。

1984年，我国大幅度地推行价格改革，实行计划价格与浮动价格相结合的“双轨制”。在这前后，经济改革的重心开始由农村向城市转移。“双轨制”对突破计划经济统得过死曾起过很大作用，但时间长了也带来很多“副产品”，特别是容易造成“官倒”等腐败行为，严重影响经济的正常运行。

在那几年间，价格改革导致通货膨胀率飙升，全国各大城市物价上涨引发商品抢购的消息，屡屡占据报端。

1987—1988年是一个经济扩张的阶段，物价指数在前一期经济扩张的拉动下，持续走高，上升到了改革开放以来的第一个历史高点。1988年，国家出台了“价格闯关”的激进的价格改革方案，决策层对价格改革的指导思想是“长痛不如短痛”和“一步到位”。但由于当时宏观经济环境相当紧张，价格闯关引发恶性通货膨胀，仅1988年通货膨胀率就达12.1%，经济出现较大波动，商品抢购潮全国风行。当时新华社跑物价的记者陈芸在一篇关于通货膨胀的调查报道中，第一个小标题即是“涨得大家有点受不了”。

为了整顿严重的通货膨胀，中央对经济实行全面的“治理整顿”，其措施之严厉堪称改革开放以来之最。

五、价格改革塘鱼率先撬动“钢板”

2008年9月16日《南方日报》，在A06版“激流岁月”和A07“闯者善行”中，报道当年鱼价改革。内容节选如下：

1981 年，还在为吃不上活鱼而郁闷的广东人，开始叫响一个关键词——“价格改革”。

那时候，广东人被笑称为“周身症（证）”，老百姓上街买东西的票证多达 46 种，香烟要票，肥皂也要票，甚至火柴也要票。“四季如春没菜吃，鱼米之乡没鱼吃”是老百姓生活的真实写照。连省委机关报《南方日报》的头版、二版经常报道的重要话题也是“解决吃菜难问题”“活鱼上市”等等。

与物资紧缺相对应的，是计划经济的“统购统销”。原广东省委书记任仲夷回忆说，当时物价管得很严，一盒火柴提价二分钱，能不能提，都要由省委常委会决定。千百万的物资，每样都要由省委管，不可能管好。

图 11 - 1　爱吃鱼的老广也许不知道，价格改革正是从放开塘鱼价格开始的（符超军摄）

从计划经济体制向社会主义市场经济体制的转变，价格改革是首先碰到的难关。当时有民谣称：“中华大地无中华，牡丹四季不开花，前门香烟后门卖，凤凰何时到我家”，反映的正是市民对市场放开，对价格改革的呼唤！正如邓小平所说：“这个关非过不可。不过这个关，就得不到持续发展的基础，就谈不上经济改革的真正成功。”

习仲勋收到 5 毛鱼票广州率先放开塘鱼价格

改革其实早在 1978 年底就悄悄开始了。当时广州人每月有 5 毛钱的鱼票，但没鱼可兑换，有市民气得把这 5 毛钱鱼票寄给省委书记习仲勋。这对习仲勋刺激很大。

1978 年 12 月 25 日，广州在全国办起第一间行栏货栈——广州市河鲜货栈。从 1979 年开始，广州市率先放开塘鱼价格，进行流通体制的市场化改革，结果鱼价涨了几倍，涨到几块钱。群众议论纷纷，甚至还直接告到了国务院。但决策者顶住了压力，继续坚持价格规律。

在邓小平的支持下，从 1981 年起，广东陆续放开蔬菜、塘鱼、水果等价格，敞开供应。3 年后，广东调查全国 18 个大中城市，结果显示，广州人吃鱼最多，鱼价最便宜。广东按照先农副产品后工业产品，先消费品后生产资料的顺序，在全国率先改革物价体制。原来空荡荡的商店货架，忽然之间变得琳琅满目，原先轻飘飘的米袋子、菜篮子，一下子都变得沉甸甸了。许多原先要凭票证购买的东西开始不用票证也能自由购买了。

广交会没菜吃？叶选平“顶风”放开菜价

当全国“以调为主”统一调整价格、北方学界两派为此激烈争论之时，广东在执行中发现，调来调去的主观价格市场始终“不买账”。务实的广东率先撬动价格“钢板”，把价格改革作为经济改革突破口。

时任广州市蔬菜办副主任的王沾眉回忆，1982 年，北京、天津、武汉等 6 个城市在广州召开城郊经济研究会议，提出农民种植结构应以鲜活农副产品为主。后来这一建议被中央采纳。当年起，广州白云、芳村、黄埔等地迅速发展成市区农副产品供应基地。

种蔬菜的口子打开了，但蔬菜还是统购统销，农民只顾扩大规模，根本不管质量，以至于种出的通心菜最长的有一丈多长，又硬又粗，被称为“无缝钢管”，只有三分之一能吃。而每年的 3 月、4 月和 8 月、9 月都是蔬菜淡季，“广州菜市场里都是空的。每年广交会开幕时领导都要担忧地询问：今年广交会广州有没有菜吃？”王沾眉说。

统购统销的弊端暴露无遗。时任广州市长的叶选平拍板：“蔬菜价格迟早要放开，迟开不如早开，暗开不如明开，偷偷摸摸地开不如大张旗鼓地开。”1984 年，广州“顶风”打响价格改革“第一枪”。11 月 1 日，广州蔬菜价格全面放开。

1985 年，广州又在全国率先放开猪肉、水产品等 8 种主要副食品和缝纫机、自行车等大商品的价格。广州价格放开的成功经验陆续在全国其他城市推广，“广州模式”享誉国内。

1992 年，市场经济方向的确立，为价格改革确立了航标，价格机制进入“放、调、管相结合”的时代。广东省在全国率先放开粮食销售价格，将价格改革推向新的里程碑，价格改革的重点逐步转向土地等生产要素和第三产业价格。紧跟广东的脚步，到 1992 年底，全国有 20 个省（区）先后放开了粮食收购价格。

南 方 回 响

1981年1月23日，《南方日报》第二版刊登《南海县去年塘鱼产量创新记录》，记录了水产市场放开后，整个塘鱼产量增加的情况。

1981年11月27日《南方日报》发表《活鱼上市的启示》一文，讨论近来广州吃鱼为什么便宜了，国营商业起了什么作用？引发大讨论。

菜 篮 子

说起菜篮子，它可不仅指用竹子什么的编制成的盛装蔬菜等的篮子，也被引申为蔬菜和鸡鸭鱼肉等百姓日常吃的东西的总称，是百姓生活必需副食品的概括。

三十年来，要说老百姓感受最深的变化，笔者估计就是这吃，这“菜篮子”了。

昔日，肚里没油水，三餐稀粥难吃饱，如今，超市开到家门口，绿色蔬菜样样有。

图11－2　菜篮子里面不仅盛有鲜鱼、鲜菜，还增加了一束美丽的鲜花（欣华摄）

这家家必备的菜篮子，也从曾经的“扁肚子”变得大肚浑圆起来。有意思的是，这菜篮子如今连鸡鸭鱼肉都“吃腻”了，更多地开始装一些无污染的有机蔬菜。

上世纪80年代初，副食品供应逐渐充足，猪肉，海鲜也开始多了起来。人们菜篮子里的东西也悄然多了起来。

要说菜篮子里有大的变化，还应该是上世纪80年代中后期。那时候，工资开始上涨，市场上的鸡鸭鱼肉供应量在加大，吃肉变成了常事。

上世纪90年代，富裕起来的中国人吃风大长，一年在餐桌上甚至能吃掉上千亿元人民币。鲍鱼、海参、翅肚开始出现在人们面前。大街小巷各种档次和风味的餐厅与酒肆都随处可见，被称为饕餮时代。

附录

水产市场放开大事记

1978 年

8 月 29 日　国家水产总局负责人就水产供销问题答《财贸战线》报记者问：许多城市为什么经常买不到鱼。

9 月 9—18 日　国家水产总局在北京召开全国水产物价工作座谈会。会议传达了国家副主席李先念对物价工作的重要指示和国务院批转的《全国物价会议纪要》，印发了国家物价总局《关于加强物价管理的若干问题》的征求意见稿。会议由国家水产总局党组副书记张昭主持，他在会议总结中，对当前水产物价工作提出三点要求：集中力量，整顿物价；深入调查研究，合理调整计划价格；加强领导，恢复和健全物价机构。

10 月 18 日　《人民日报》发表社论《千方百计解决吃鱼难问题》。

1979 年

2 月 5 日—3 月 1 日　国家水产总局在北京召开全国水产工作会议。会议根据中共十一届三中全会精神，研究水产工作调整和重点转移，制定了加速水产发展的方针、任务和政策、措施。

3 月 22 日　国家水产总局、国家物价总局发出《关于提高水产品收购价格的通知》。

9 月 28 日　国家物价总局、商业部、国家水产总局发出的《关于提高猪肉、牛肉、羊肉、水产品、鲜蛋等销售价格的通知》。

10 月 24 日　新华社报道：国务院从 1979 年 3 月起，陆续提高了粮食、油脂油料、棉花、生猪、菜牛、菜羊、鲜蛋、水产品等 18 种主要农产品的收购价格。据国家物价总局计算，以上产品的收购价格，平均提高 24.8%；由于提价，预计 1979 年使全国农民增加收益约 70 亿元。

10 月 24 日　中共中央政治局委员、中央秘书长胡耀邦在《淡水鱼收购价格提高了，为啥吃鱼更难了》一文上批示：人们对商业工作意见不小，当然有些议论要做具体分析，但如何加强党对商业工作的政治思想和政策的领导，如何改进商业工作的经营管理，我觉得确实是个大问题。建议搞一个文件，由中央发出。当然，文件要有较高的思想性、鼓舞性，要充分说理，而不是扣帽子、打棍子。八字方针，各个经济部门如何落实，特别是整顿一项如何落实，我们大家都没有底。如果不狠狠抓一下，要么流于空喊，要么乱整一气。这对我们的事业都不利。胡耀邦对文中谈到淡水渔区农民“要撇开商业渠道，送鱼进城，到市场上直接销售鲜活鱼”批示：很好！

国务院副总理姚依林批示：我很赞成淡水鱼由生产队自己出售，不要卡住由水产部门统一收购。

11月1日　中共中央、国务院决定从今日起，适当提高猪肉、牛肉、羊肉、禽、蛋、蔬菜、水产品、牛奶8种主要副食的销售价格。同时给每个职工（包括退休职工和学徒工）每月补贴5元。在纯牧业县工作的职工，因肉类消费水平较高，每月补贴8元。

11月2日　国家水产总局负责人对《财贸战线》报记者谈水产品价格问题。

1980年

3月7日　新华社记者报道：国家水产总局负责人就市场上鱼少的问题发表谈话：搞好调整，为水产高产创造条件。

4月2日　邓小平同志对《关于编制长期规划的意见》（摘录）谈到：要发展多种副业、发展渔业、养殖业。渔业，有个方针问题。究竟是以发展捕捞为主，还是以发展养殖为主？现在看来应该以养殖为主，把各种水面包括水塘都利用起来。这也涉及责任制问题，有的就是要实行包工包产。过去搞农业的同志，只看到几亩地，没有看到江河、湖泊、水塘很多，可以充分利用。也没有看到副业，没有看到各地都有发展的特殊产品和资源，这一定要改变。政策要放宽，使得每家每户都有自己的想法，多找门路，增加生产，增加收入。有的可包给组，有的可包给个人。这个不用怕，这不会影响我们制度的社会主义性质。

10月19日　中共中央政治局常委、中央总书记胡耀邦对《如何解决重点城市的吃鱼问题？——舟山地区提供了可靠途径和设想》一文做出批示：紫阳、万里、依林同志：我感到水产问题（捕捞和养殖）和水域开发与保护问题（开发、垦殖、航运、污染等）还没有布开局面，没有一个统一的初步设想，建议在调查研究的基础上讨论一次。

12 月 16 日　国家水产总局发出《关于坚决贯彻执行国务院严格控制物价、整顿议价通知的急电要点》。

1981 年

3 月 2 日　中共中央政治局常委、中央总书记胡耀邦在中共中央书记处第八十八次例会讨论发展农村多种经营问题时谈发展淡水养鱼问题。

3 月 30 日　中共中央、国务院转发国家农委《关于积极发展农村多种经营的报告》。

4 月 12—19 日　国家水产总局在天津市召开全国水产供销会议，对调整水产品购销政策和目前基本情况作了研究，并进一步协调产销关系。

5 月 29 日　《人民日报》发表《一场关于承包渔场的争论》一文，引发了一场展开农村经济改革中关于陈志雄承包渔场问题的讨论。

7 月 30 日　国家物价总局等八个部、总局联合发出关于试行《农副产品议购议销价格暂行管理办法（草案）的通知》。

8 月 30 日　《人民日报》发表国家水产总局佘大奴、黄克义同志对陈志雄承包渔场有争论的两个问题的看法，宣告这一问题的讨论告一段落。

12 月 21 日　国家物价总局、国家水产总局等六个部、总局联合印发《农产品成本价格座谈会纪要》。

1982 年

6 月 22 日　农牧渔业部、国家物价总局、对外经济贸易部发出《关于批转黄渤海地区三省一市水产品收购价格衔接会议纪要的通知》。

10 月 17 日　中共中央、国务院发出关于批转农牧渔业部《关于加速发展淡水渔业的报告》的通知。批语指出：国家只对国营渔业生产单位和商品鱼基地的产品实行派购政策，其他社队养鱼和社员家庭养鱼，一般不派购。

10 月 25 日　农牧渔业部水产局发出《关于将直属水产供销物资企业原定 1982 年试行“全额利润留成”办法改为实行财务包干办法的通知》。

12 月 1 日　《人民日报》报道，1982 年冬，邓小平同志在同国家计委负责人谈话时指出：“淡水养鱼很有前途，至少是湖北，到处都是大、小湖泊，经营好淡水渔业，农民很快富裕，也能解决城市供应问题。”

12 月 13—22 日　农牧渔业部在北京召开省、市、自治区水产供销工作会议。会议着重研究有关解放思想，放宽水产品购销政策，搞活流通渠道，安排好水产品市场供应，加快水产供销企业体制改革步伐等问题。

1983 年

5 月 19—27 日　农牧渔业部在北京召开全国海洋渔业工作会议。会议着重研究了海洋捕捞方面如何保护和合理利用近海渔业资源，发展外海和远洋渔业，以及渔场安排、渔政管理、生产责任制和企业经营管理、水产供销、渔业科技等问题。会后，农牧渔业部向国务院呈报了《关于发展海洋渔业若干问题的报告》。

5 月 31 日　农牧渔业部印发《万里同志在听取全国海洋渔业工作会议情况汇报时的重要讲话》。国务院总理万里讲了五个问题，其中谈到调整水产品价格，解决调鱼难问题，要实行鱼物挂钩，搞合同制。还谈到实行生产责任制，要根据渔业生产的特点，允许多种形式生产责任制同时并存，不要一刀切。

7 月 5 日　国家物价局、农牧渔业部等六个单位联合发出《关于印发国务院有关部门农产品价格分工管理试行目录的通知》。

10 月 28 日　国务院批转国家物价局等部门《关于对紧俏农副产品加强市场和价格管理的报告》。报告对水产品销售和管理都作了规定。

1984 年

1 月 1 日　中共中央发出《关于 1984 年农村工作的通知》。文件指出当年农村工作的重点是：在稳定和完善生产责任制的基础上，提高生产力水平，梳理流通渠道，发展商品生产；并提出了指导农村经济进一步发展的政策措施。强调要继续调整农产品购销政策，继续减少统派购的品种和数量。鲜活产品要尽量放活，以活促产，减少腐烂损耗。三类产品和统派购任务外的价格要真正放开。经营中要尽量减少环节，组织产区、销区直接流通。

1 月 5—14 日　农牧渔业部在广州市召开全国城市水产品产销工作会议。会议围绕如何解决大中城市吃鱼难的问题，研究发展渔业生产，搞好水产品保鲜加工，改革水产供销体制，搞活水产品市场等有关问题。会议着重介绍了广州水产市场放开的经验，认为广州等城市的主要经验是：(1) 大力建设商品鱼基地，积极发展城郊养养鱼；(2) 放宽政策，充分运用价值法则、吸引鱼货进城；(3) 运用多种经济形式，实行多渠道、少环节的经营方式。会议认为，要解决城市吃鱼难的问题，应当实行“一保二活三管”的原则，即保证现有平价鱼供应水平，放手开展议购议销，把市场搞活、管好。

2 月中旬　春节前后，胡耀邦等中央领导同志到各地视察后开会议定，责成农牧渔业部代中央起草一个关于放宽政策、加速发展水产业的文件。为此，农牧渔业部水产局组成文件起草小组，开始调查研究，着手文件起草工作。

4月8日　新华社报道，在我国一些大中城市出现了一种新的市场形式——农副产品批发市场。全国已有这种市场200多个，为农副产品的生产经营者提供了方便。

7月7—11日　农牧渔业部水产局在江苏省启东县召开全国水产供销体制改革试点座谈会。

7月19日　国务院批转国家体改委、商业部、农牧渔业部《关于进一步做好农村商品流工作的报告》并发出通知，要求各级政府要切切实加强领导，一手抓生产，一手抓流通。报告中提出"调整农副产品购销政策"，指出：现在淡水鱼已全部放开，实行多渠道经营。价格稳中有降，现在派购的八种海水鱼，也要逐步放开。国营水产部门可在主要港口和水产品集散地建立贸易货栈或水产市场，产销直接见面，自由购销，并进行吞吐调剂，平抑鱼价。对京津、沪三大城市和军特需、出口用鱼、国营水产部门可用渔需物资与渔民协商换购。

11月5日　中央书记处开会听取农牧业部党组汇报，讨论代中央起草的《关于放宽政策，加速发展水产业的指示》的文件。

12月26日　胡耀邦等中央领导同志听取农牧渔业部汇报，再次讨论《中共中央、国务院关于放宽政策，加速发展水产业的指示》（代拟稿）。

1985年

1月1日　中共中央、国务院发布《关于进一步活跃农村经济的十项政策》。《文件》分析了农村的发展形势，指出在打破集体经济中的"大锅饭"以后，还必须进一步改革农村经济管理体制，在国家计划指导下，扩大市场调节，使农业生产适应市场的需要，促进农村产业结构的合理化，进一步把农村经济搞活。为此，文件指出：（1）改革农产品统购派购制度。从本年起，除个别品种外，国家不再向农民下达农产品统购派购任务，按照不同情况，分别实行合同定购和市场收购；（2）大力帮助农村调整产业结构，继续贯彻"决不放松粮食生产，积极发展多种经营"的方针；（3）进一步放宽山区、林区政策；（4）积极兴办交通事业；（5）对乡镇企业实行信贷、税收优惠，鼓励农民发展采矿和其他开发性事业；（6）鼓励技术转移和人力流动；（7）放活农村金融政策，提高资金的融通效益；（8）积极发展和完善农村合作制；（9）进一步扩大城乡经济交往，加强对小城镇建设的指导；（10）发展对外经济、技术交流。在第一项改革农产品派购制度中规定：水产品也要逐步取消派购，自由上市，自由交易，随行就市，按质论价。放开的时间和步骤，由各地自定。放开以后，国营商业要积极经营，参与市场调节。同时，一定要采取切实措施，保障城市消费者的利益。

3 月 2—11 日　农牧渔业部在北京召开全国大中城市农牧渔业工作会议。会议主要讨论大中城市农牧渔业发展方针、规划和措施，交流农畜水产品放开搞活、促进生产、改善供应的经验。农牧渔业部党组书记、水产局局长涂逢俊在水产专业会上讲了话，他首先分析了当前的水产形势和城市“吃鱼难”的原因，讲述了大中城市的水产生产和供应状况，提出了发展城市渔业的规划和措施。初步规划至 1990 年 46 个城市水产品产量达到 303 万吨，城区人口平均消费水平从 1983 年的 21.7 斤提高到 37.5 斤，达到营养学家提出的人均 36 斤的“理想食谱”。

3 月 11 日　中共中央、国务院发出《关于放宽政策、加速发展水产业的指示》。文件分以下 10 个部分：（1）端正水产工作的指导思想，明确方针任务；（2）大力发展水产养殖业；（3）正确部署捕捞生产；（4）继继续完善各种形式的联产承包责任制；（5）搞好水产品保鲜加工；（6）调整水产品购销政策；（7）改革国营水产企业的经营管理体制；（8）加加强水产科技教育工作；（9）广辟资金来源，学会新的理财之道；（10）各级党委和政府要加强对水产工作的领导。这个文件自 1984 年 2 月中央书记处责成农牧渔业部起草之后，农牧渔业部组成文件起草小组，通过深入调查，反复研究，易稿 17 次，历时一年，并经中央书记处两次听取汇报和讨论，最后定稿下发。这是 30 多年来中共中央、国务院第一次单独为水产业发出的联合指示。文件中把发展水产业作为调整农村产业结构，促进粮食转化的一个战略部署，确立了水产业的地位。文件明确提出：中国渔业发展要实行“以养殖为主，养殖、捕捞、加工并举，因地制宜，各有侧重”的方针。在政策上，明确了养殖业承包大户及捕捞业以船为基本核算单位的合法性；规定水产品价格全部放开，实行市场调节；规定产供销、渔工商、内外贸可以综合经营；还肯定了发展远洋渔业的方向等。这一系列方针、政策的调整，使中国渔业发展迎来了一个新高潮，进入了一个新的发展阶段。

5 月 6 日　国务院办公厅转发农牧渔业部《关于改进大中城市农牧渔业工作的报告》。报告提出大中城市农牧渔业发展方针是：服务城市，富裕农民，活跃市场、方便群众。

5 月 25 日　农牧渔业部水产局负责人就开放水产品市的几个问题对新华社记者说：放开水产品市场，既有利于加快解决大中城市的“吃鱼难”，又有利于促进整个水产业的发展和农村产业结构的合理调整，这是一举多得的重要改革。

11 月 4—9 日　农牧渔业部在北京召开全国水产厅（局）长会议。部党组成员、水产局局长涂逢俊在会上作报告，部长何康作了重要讲话。会议的任务是研究进一步贯彻落实中央五号文件的具体办法和措施；总结“六五”计划的执行情况；研究“七五”计划的总体设想；明确计划的指导思想、重点内容和实施计划的主要措施。会议认为“七五”期间要认真贯彻执行中央五号文件提出的水产生产方针，坚持国家、集体、个人一起上，产供销、渔工商、内外贸综合经营，加快速度，提高质量，讲究效益，力争到 20 世纪末全国水产品产量翻两番，产值翻两番多，人均占有量从现在的 10 斤提高到 30 斤的指导思想和奋斗目标。为实现这个目标，“七五”期间要集中力量在六个方面有比较大的突破：一是在池塘大面积精养高产和大中型水面、浅海滩涂的开发利用上有个突破；二是在水产品保鲜加工，提高质量方面有个突破；三是远洋渔业有个突破；四是在市场管理上有个突破；五是渔区经济体制综合改革和精神文明建设工作有个突破；六是近海渔业管理和资源增值有个突破。

1986 年

1 月 30 日　《人民日报》报道：广东省放开水产品价格后，在价值规律的作用下，水产品生产大幅度增长，改变了“食无鱼”的情况，鲜鱼由供不应求迅速发展到供过于求，出现了南鱼北运到北京、哈尔滨、昆明等 25 个城市的好形势。

8 月 18 日　农牧渔业部在北京召开 10 城市厅（局）长会议，讨论大城市副食品供应问题。

11 月 10—20 日　农牧渔业部在北京召开全国农业（水产）工作会议。部党组成员、水产局局长涂逢俊作了讲话，明确会议的主要内容是分析形势，交流经验，研究新情况、新问题，确定“七五”期间渔业的奋斗目标和工作的指导思想。会议明确实行“以养为主，养殖、捕捞、加工并举，因地制宜，各有侧重”的方针是我国渔业长期贯彻的根本方针。近期的发展路子是，发展两头，改善中间，突破加工。发展两头，即积极发展海淡水养殖和外海、远洋渔业；改善中间，是保护、增殖和合理利用近海和内陆水域渔业资源；突破加工，是发展海水产品和淡水大宗产品的保活、保鲜、加工，加速发展水产品加工业。会议期间，部渔业局局长卓友瞻作了《加强渔政工作，提高管理水平》的专题讲话。会议还讨论和修改了《渔业法实施细则》，并明确“七五”期间渔政工作的指导方针等。

1987 年

1 月 30 日　中共中央发出《把农村改革引向深入》的文件。文件指出，几年来，改革遵循坚持四项基本原则，坚持改革、搞活的方针前进，农业已取得重要成果，农村经济新体制的框架已经初步显现出来。改革是一个较长的渐进过程，尽管在工作中还存在这样那样的问题，遇到这样那样的困难，但改革是社会生产力发展的客观要求，得到群众的热情拥护，是不可逆转的历史潮流。文件明确要继续改革统派购制度，扩大农产品市场；搞活农村金融，开拓生产要素市场；完善双层经营，稳定家庭联产承包制，发展多种形式的经济联合；对个体经济要实行长期稳定的方针；调整产业结构，促进农业劳动力转移；要加强基础组织建设，有计划地建立改革试验区，使党和政府的政策具体化完善化。

1988 年

1 月 18—25 日　农牧渔业部在北京召开全国农业工作会议和水产工作会议。水产工作会议主要内容是学习贯彻党的十三大精神，分析水产形势，总结经验，讨论确定“七五”后三年水产业发展目标及应采取的措施，确保水产业健康、持续、协调发展。

7 月 8 日　《人民日报》报道，农业部在 7 月 7 日举行的新闻发布会上宣布，该部将组织实施一个被称为“菜篮子工程”的计划，其中包括将沿海大中城市和辽宁省淡水养鱼重点产区建设成海、淡水养殖基地，以保障我国城乡副食品供给水平逐步增长。

1989 年

1 月 13 日　国务院副总理田纪云主持会议，听取农业部部长何康关于全国畜牧、水产工作会议情况的汇报。会议形成的《关于听取全国畜牧、水产工作会议汇报的会议纪要》指出：“菜篮子”工程是一项系统工程，对解决大中城市肉、禽、蛋、奶、菜鱼等副食品生产和供应具有重要作用。要开发外海鱼，发展远洋渔业。远洋渔业是新兴产业，对缓解大城市优质鱼供应起了积极作用，有关部门要积极给予支持。会议要求，各地有关部门要十分重视肉、禽、蛋、奶、菜、水产品等的生产，尤其是大中城市要切实采取有效措施，确保副食品供应稳定增长。

11 月 14—19 日　农业部水产司在江苏省无锡市召开了全国淡水渔业经验交流会议。这是继 1982 年全国淡水渔业工作会议以来又一次专题研究淡水渔业发展的规模较大的会议。副部长相重扬到会讲话。会议总结了 10 年来我国淡水渔业发展的主要成就和基本经验，提出近期淡水渔业生产的主攻方向：一是全面开展地塘改造工作，力争在“八五”期间完成现有池塘改造任务，同时普及精养高产技术，推进大面积的平衡增产；二是积极开发利用大中型水域，推广“三网”养鱼和立体生态开发技术，大力开展增殖工作；三是继续探索发挥水产业自身优势渔农牧副结合解决饲料的路子，提高渔用饲料自给率和利用效率；四是梳理流通渠道，开拓城乡市场。突破淡水鱼保鲜、保活、加工和综合利用技术；五是狠抓原种、良种基地等基础设施和服务体系建设，提高良种覆盖率和淡水鱼产销设施配套水平。

1990 年

7 月 9 日　在全国大中城市副食品工作会议上，国务院总理李鹏就发展我国水产事业作重要指示：我国有丰富的水面还没有完全被利用，我们还有很长的海岸线，这些资源都可利用。这几年水产发展的速度比较快，但是人均占有量在世界上还是偏低的，由于近几年近海过度捕捞，鱼类资源受到破坏。今后，一方面要保护近海渔业资源；另一方面，要大力发展远洋捕捞，这是大有可为的。同时，要进一步利用江、河、湖泊，还有一些池塘，发展水产养殖业。

1991 年

1 月 17 日　《人民日报》报道，我国水产养殖产量居世界首位。人均水产品占有量已达到 10.6 千克，比 1985 年提高近 4 千克，初步解决了大中城市“吃鱼难”问题。

1 月 18—23 日　全国农业工作会议在北京召开。国务院副总理田纪云出席了闭幕式，并作了重要讲话。田纪云副总理说，近几年，水产品和水果发展特别快。“两水”为什么发展快，一是各级领导重视，二是有关部门的努力。但很重要的一个原因是采取了放开搞活的方针，尊重和运用了价值规律的作用。

Postscript 后记

当我校对完书稿，正是改革开放40周年纪念的月份。当年改革开放首先从广东开始，广东渔业更是得风气之先。那时，我考入大学读水产，然后到广东省水产厅工作，曾亲历过一些重大事件，如鱼塘承包风波、鱼价闯关传奇、渔区改革实践、恢复南沙渔业，见证广东渔业从艰难起步到走向辉煌的历程。

2009年8月15日，《南方日报》刊登了当年震动中国的广东肇庆“鱼塘风波”与“雇工”纪实的文章，被冠以《先行者的背影》的大标题，一下子抓住我的眼球，过了半个月，《南方日报》9月2日刊登《广东鱼塘雇工争论撞开民营企业生存之门》。当年我在广东省水产厅工作，是十分关注陈志雄承包鱼塘这一事件的，1999年我出版《广东淡水渔业》一书，写到陈志雄承包鱼塘引起《人民日报》开辟专栏开展全国性讨论的情况。陈志雄承包鱼塘事件再次引起人们的热议，我觉得应该将我掌握的情况整理出来，让陈志雄30年前的胆识和创举重放光辉。于是，我用了大半个月时间，整理出5万多字的一个初稿。然后于9月20日到肇庆市鼎湖区沙浦镇采访，到了沙一村村民委员会、陈志雄承包的“第一塘”旧址、陈志雄承包失败的“文庆塱”现场，采访了镇有关领导。回来后，我抓紧时间修改，于10月12日打印了一个讨论稿，约10万字，邀请广东省海洋与渔业局经历过“陈氏承包”的10多位离退休老同志审阅、座谈，提出修改补充意见。之后，又邀请有关出版社、报社的专家、编辑、记者，于10月20日到肇庆市鼎湖区沙浦镇现场考察，让大家对其地其事有所了解，然后再认真讨论这本书稿，收到较好效果。最后，广东省人民政府地方志办公室决定将书稿纳入广东省情丛书范围，作为《广东改革开放纪实丛书》的第一册，书名《鱼塘风波》，于2011年7月由中国农业出版社出版。

正在我期望新书出版之际，2011年7月1日，《南方日报》出版纪念中国共产党成立90周年特刊，在共5版的《使命》篇中，分《从建党的重要基点到大革命策源地》《从抗日敌后战场到“第二条战线”》《从最后解放的大城市到对外贸易之门》《从杀出一条血路到领跑市场经济》《从“世界工厂”到“幸福排头兵”》5个专题，回顾广东在建党90年来的足迹。其中第4专题讲述，从20世纪80年代受命探路改革开放，到90年代领潮市场经济，在中国当代改革史上重要关头，广东共产党人总是以改革开放闯将的面貌出现，为中国的现代化事业开辟出一条新路。在这翻天覆地的20多年中，广东率先进行物价改革、创办经济特区、发展民营经济、建立珠三角经济区……《南方日报》重点回顾当年的“鱼价改革”的情况。

看了这份报道，促动我再接再厉，要写《鱼塘风波》的姐妹篇《鱼价闯关》，记述广州率先放开水产市场：市民把一张兑不了的鱼票（5角）寄到省委领导习仲勋那里，表达不满。这件事对习仲勋的触动很大，他决心在全省乃至全国率先放开塘鱼价格。1978年底，广州市芳村最先放开河鲜、塘鱼价格。经过一段时间放开价格之后，价值规律发挥了杠杆作用，调动了农民的生产积极性，农副产品普遍增多，价格逐步回落，并日趋稳定。这不仅使农民增加了收入，市民也得到实惠。

我热衷做这样的工作，因为我有水产情结。我生在珠江三角洲的东北缘，细分称为东江三角洲。珠江三角洲有许多贝丘遗址，其中保存完好的贝丘遗址有增城金兰寺遗址，也是广州的文化名片。我的家乡就在金兰寺贝丘遗址旁边，从懂事起，看到这里肥沃的黑土当中，沉积着大量白色的贝壳，感到很好奇。这些贝壳以蚬壳为主，也有为数不少的蚝壳。心形的蚬壳大都指头般大小，由于年月久远已钙化严重，显得苍白、易碎而毫无光泽。特别是连接增江的小支流燕江从村东边流过，村北有个风山，为村庄挡住北风。说是山，估计顶多10米高。在村东北这里有个水埠头，当年，村民交通主要是通过这个水埠头与外界联系。在水埠头几米高的岸边，层层叠叠都是贝壳。直到1956年，广东省文物普查队闻讯而来，才得出一个惊人发现：这是一个距今4 000多年前的文化遗址，属于新石器时代贝丘遗址。贝壳是那个年代的人采食后弃置的。原来，在亿万年前，这里还是大海的领地，一片汪洋，后来随着东江、增江等珠江水流支系的冲刷，大量泥沙堆积，海水逐步退却，形成冲积性平原。到了4 000多年前，这里已生活着新石器时代的人类。

东江三角洲这里的村庄，都选在平原中的高地建设，坐北朝南。村庄的北面最好是个小山坡，人称“背底山”（后山），山上种满树木和竹子，既是靠山，也挡北风；如果没有小山坡，则相应填高，种上树木和竹子，也起到挡北风“背底山”作用。村的南面，是个大晒场，俗称“地堂”，民歌有唱：“月光光，照地堂。”再往南，就是池塘（俗称“面前塘”），从村庄的东头到西头都有分布，如果村庄较大，“面前塘”则分成好几口，每口10亩左右。有的村庄，东边、西边都是池塘。而在村庄附近，主要是菜地、果园。再往南，则是大片的水稻田。在这些自给自足的农村，土地面积一般安排是稻田占七成，池塘、菜地、果园各约占一成，村民生活所需的粮食、蔬菜、鲜鱼、水果都能在村庄内解决。当地种双季稻，一年有3个农忙季节：春耕春种，夏收夏种，秋收，时间约3个月。另9个月时间，所谓的农闲，主要是割草养鱼、浇菜施肥、采收水果。这样，就形成了“鱼米之乡”，饮食习惯以“饭稻羹鱼”为主，人们理想的日常饮食是“朝鱼晚肉饭后果”。乡村生活，日出劳作，日落休息，渔樵耕读，充满诗情画意。

由于自小耳濡目染而成的“鱼米之乡”情结，1977年恢复高考时，我便报读水产院校的养鱼专业。在湛江水产学院（后为广东海洋大学）求学期间，1981年做大学本科毕业论文，参加珠江水系渔业资源调查，进行东江渔业资源调查和变动分析研究。我从东江出海口的东莞虎门溯江而上，到过东莞县城和太平、石龙镇，增城县城和石滩公社（东江支流增江），博罗县城和石湾公社，惠州市区及西湖、西枝江，紫金县古竹公社，河源县城和义合、蓝田公社、新丰江水库，龙川县城和佗城镇、枫树坝水库，一路上都见到当地的渔家捕捞到不少鱼虾，一般每千克卖2～4元（当时的牌价是1元），在东莞石龙镇和博罗县城，看到许多鲥鱼，是当时最好的鱼，每千克卖10元（四年后，我于1986年10月到江苏苏州参加全国大中型水产养殖增殖经验交流会，农牧渔业部水产局领导在大会上作报告，说到南京市的鲥鱼卖到700元一千克，令我瞠目咋舌，因为我那时的月工资才50多元）。我们在老师的指导下，经常买一些鱼作实验，量体长、体高，测量相关数据，然后用福尔马林浸泡作标本。有些解剖了的，不便作标本，就成为我们的下饭菜肴。在这大半年时间，我见识了不少水产种类，大开眼界，大饱口福。但是，在我参加东江渔业资源调查的时候，当地的渔民已向我强烈反映，由于酷渔滥捕、拦河筑坝、水质污染，东江渔业资源大不如前，捕捞到的鱼虾种类越来越少、个体越来越小、产量越来越低。

1982年元月，我大学毕业分配到广东省水产厅工作，在亲历鱼塘承包风波、鱼价闯关传奇等一些重大事件的同时，也感受了水产品在广东人民生活中的特殊地位。

秦始皇三十三年（公元前214年）设立南海郡，郡治在番禺县（今广州，因番山、禺山而得名）。南海郡尉任嚣在此筑城，后人称为任嚣城。以任嚣城的出现作为广州建城的开始，至今也有2 220多年的历史了。后来南海撤郡建县，一直以广州为县城，到1920年广州建市后，番禺、南海县城才搬离广州。所以，广州的饮食习俗，与邻近的南海、番禺、顺德同为一体。“食在广州”（后来扩大为“食在广东”），水产为先。早在1940年，广州就出现利口福海鲜饭店，在著名的十三行，厨师都来自顺德县城大良（古有“凤城”之称）。顺德县（今佛山市顺德区）为珠江三角洲桑基鱼塘重点地区，连片鱼塘有30多万亩，是中国池塘养鱼面积最大、产量最多的县，广州、香港、澳门市场的塘鱼，多由顺德供应。顺德人食不厌精，脍不厌细，喜欢吃鱼，尤精于烹饪河鲜海产，做到用料新鲜、烹饪到家，以利众人之口，逐渐形成特色鲜明的饮食习俗，近世有“食在广州，厨出凤城”的说法。广州、香港、澳门以及海外粤人聚居地的酒楼餐馆，多喜标榜“凤城名厨”以广招徕。我到广东省水产厅工作后，每年都多次到顺德，与当地同行探讨发展养鱼问题，与当地同行吃的多是当地池塘养殖生产的淡水鱼。平淡无奇的淡水鱼，经过“凤城厨师”之手，成为使食客铭记在心的美味佳肴。

我还有机会在当时的南海县（今佛山市南海区）九江尝过全鱼宴。现代的九江镇河涌交错、方塘如镜，“九江鱼”远近闻名。当地民众利用“九江鱼”精心烹调的著名宴席——“九江全鱼宴”有八道招牌菜，分别是五彩鱼蓉汤、满载而归（雀巢腰果炒鱼肉丁）、甘香肉麒麟（酥炸鱼脊鱼腩）、金银利是鱼（烧汁焗福寿鱼）、醉翁白玉卷（酥炸鱼肉水果卷）、家乡酿鲮鱼、紫苏鱼头煲和寒衣织锦（凉拌鱼皮）。炸、焗、煎、炒，样样都有；甜、酸、苦、辣，五味俱全。

改革是摸着石头过河，就是要闯出一条前人没有走过的道路。广东人爱吃鱼，而且广东的气候一年四季都适宜塘鱼生长，鱼塘也很多，但是由于统购价低，养鱼户没有积极性，鱼的产量很低，市民也没有鱼吃。经过认真准备，1979年广州市尝试从塘鱼入手，放开价格，自由买卖，随行就市，进行流通体制的市场化改革，撬动价格“钢板”。塘鱼市场放开后，人们踊跃购买，市面上塘鱼供不应求，导致塘鱼价格大幅上升，涨了几倍，一斤要几块钱。这引起了部分市民的不满，群众议论纷纷，甚至还直接告到了国务院。但决策者顶住了压力，继续坚持价格规律。广州市鱼价的上涨，让一些富有经济头脑的周边养鱼户捕捉到了商机，他们开始大面积承包鱼塘养鱼，并把鱼贩运到广州销售，市场上鱼多了，价格自然就降了下来。1983年底塘鱼市场再次全部放开。市场上塘鱼品种丰富，价格合理，市民再也没有了怨言。价格改革几经曲折，取得明显成效，在全国反响很大，为建立社会主义市场经济体制奠定了重要基础。

1984年1月5—14日，农牧渔业部在广州召开全国城市水产品产销工作会议。全国各大中城市主管副市长和水产部门负责人参加会议，与会代表200多人。会议围绕如何解决大、中城市“吃鱼难”的问题，着重介绍广州水产市场放开的经验，代表们参观了清平农贸市场、河鲜货栈和海珠鱼栏。会议认为，要解决城市“吃鱼难”的问题，应当实行“一保二活三管”的原则，即保证现有平价鱼供应水平，放手开展议购议销，把市场搞活、管好。当年，我跟着领导撰写广东省发展水产养殖、保障市场供应的会议材料，有幸到广州宾馆参与这个高层次会议的有关活动，还陪同《广州日报》记者采访农牧渔业部党组成员、水产局局长孟宪德和上海市副市长叶公琦，深深感到国家有关部门对广州市开放水产市场的充分肯定。

这让我回想起1978年初我考入大学前在增城县委宣传部工作，1月24日下午看到当天的《广州日报》发表广州市委宣传部理论教育处处长卓炯的文章《坚持社会主义的商品制度》。这天正好是卓炯70周岁生日。这位1939年就入党的中共老党员，于1961年冬率先提出社会主义商品经济理论，是我国第一个明确提出社会主义经济是商品经济的学者。当时经济学界有个流行的说法：“北有孙冶方，南有卓炯。”但在1964年，卓炯就因为提出社会主义的价值规律学说，以及计划商品经济理论，受到严厉的批判。经历了十年“文革”，国民经济受到严重破坏，濒临崩溃边缘，人们痛定思痛，深刻反思，对过去奉之为“真理”的东西产生了怀疑。《广州日报》公开发表卓炯关于商品生产和商品经济的理论：以公有制为基础的社会主义商品制度和以私有制为基础的资本主义商品制度有着本质的差别；商品经济比自然经济优越，只有大力发展社会主义的商品经济，才能把国民经济搞上去；社会主义必须尊重价值规律。接着，《广州日报》等报刊发表了一系列文章，对卓炯的商品经济理论作了积极的回应，对社会主义的经济理论进行了深入的讨论，吹开了人们头脑中的迷雾，理顺了人们的思绪，成为广州改革开放的有力的思想武器。从此，广州市贯彻“放开、搞活”的方针，开始流通领域的改革，先从水产开始，放开水产市场，放开价格。

广州市在水产品流通体制的改革尝试，为1985年中央1号文件的制定出台提供了一个典型的案例。1985年3月11日，中共中央、国务院发出《关于放宽政策、加速发展水产业的指示》，这是中共中央、国务院第一次单独为水产业发出的联合指示。文件规定水产品价格全部放开，实行市场调节；规定产供销、渔工商、内外贸可以综合经营等。这一系列方针、政策的调整，使中国渔业发展迎来一个新高潮，进入一个新的发展阶段。

1988年12月8日，在纪念改革开放十周年之际，海内外人士投票45多万张，评选出广东改革开放十件大事，“放活市场，城乡繁荣”荣列其中。

2008年9月16日，广东省《南方日报》以“激流岁月”和“闯者善行”两个专版报道当年鱼价改革：“价格改革塘鱼率先撬动‘钢板’”。同时，广东经济体制改革研究会等单位组织评选“广东改革开放30件大事”，按得票排名在第六的是“1978年，广东率先进行价格‘闯关’。”

2008年12月9至18日，中央电视台在七套节目播出改革开放30年系列专题片《一号行动》，反映在不同的年代背景下，10个中央1号文件的侧重点有什么不同，在繁荣农村经济、促进农民增收、推动农村社会发展等方面究竟发挥过怎样的作用？其中第四集说的就是广州市放开塘鱼价格。

2010年9月6日，《南方日报》以“1980—2010特区改变中国”为题，用32个专版报道30年30人、30年30事、30年30企、30年30词，以“价格闯关”为第四件事，回顾当年鱼价改革：务实的广东率先放开塘鱼价格，撬动价格“钢板”。从1979年开始，广州率先放开塘鱼价格，进行流通体制的市场化改革。

由于有这些经历和材料，再加上我有刚写出《鱼塘风波》的基础，当时搜集的资料也有与广州率先放开水产品市场相关的，所以写《鱼价闯关》还是相对顺利的，断断续续用了一年多时间，于2012年底完成初稿，然后向相关人士征求意见。首先是在2013年1月初，与相识了30年的广州市水产局前局长陈景侠（1976年任副局长，1983—1996年任局长）专门约谈了一个晚上，并核实了当年的一些事情。接着，请广东省政协刊物《同舟共进》主编王家声、华南师范大学历史文化学院教授刘圣宜、广东省社会科学院《新经济》杂志社社长杨明、广东省农业科学院环境园艺研究所研究员骆浩文、广东省水产流通与加工协会会长邓家焯、《广州日报》原农商部主任屈绍铿、广东省增城市政协秘书长姚锦波、广东科技出版社原社长黄达全、中国水产科学研究院《渔业经济研究》主编杨子江、中国水产科学研究院珠江水产研究所研究员肖学铮和冯启新等审阅初稿，这些专家朋友多与我面谈了修改意见，开阔了我的思路。

时光转眼到了2018年初，农业部（现农业农村部）农村经济研究中心为纪念改革开放40周年，组织出版系列丛书，我这本初稿成为其中之一，作为中心当代农史研究的重要成果。中心研究渔业经济的助理研究员张静宜和我们合作，进行整理修改。她对发生在广东率先放开水产品市场的事件，补充了全国农村改革开放的背景，梳理了有关部门政策出台、调整的过程，体现了改革历程中中央政策和地方探索的呼应、促进，并对注释、专栏和附录提出了有益的想法。还有合作者关歆，重点撰写了广州市渔业生产发展情况。大家的同心协力，使得这部作品立意提高，内容丰富，涉及面广，影响更大。

本书校对稿出来后，我还请一些专家朋友帮忙审阅，提出修改意见的有：农业农村部渔业渔政管理局原副巡视员丁晓明、全国水产技术推广总站原站长魏宝振、中国水产学会原秘书长司徒建通、中国水产科学研究院《渔业经济研究》主编刘龙腾、广东省人民政府发展研究中心原副巡视员田晓霞、广东省人民政府地方志办公室地方史处处长王涛、广东科技出版社副社长崔坚志、《广州日报》理论部原主任蔡惠芳、广州市科学技术中心副主任陈典松。

本书能有现在这个较为完善的样子，是集体劳动的结晶。我要感谢他们的辛勤劳动。

姚国成　谨识

2018年12月8日